ACCESO GRATIS *a la Lectura en la Nube*

Para visualizar el libro electrónico en la nube de lectura envíe junto a su nombre y apellidos una fotografía del código de barras situado en la contraportada del libro y otra del ticket de compra a la dirección:

ebooktirant@tirant.com

En un máximo de 72 horas laborales le enviaremos el código de acceso con sus instrucciones.

DERECHO FISCAL MEXICANO
EL PERIODO POSTREVOLUCIONARIO

DERECHO FISCAL MEXICANO

EL PERIODO POSTREVOLUCIONARIO

DRA. ALICIA RAMOS FLORES
DR. HUMBERTO CHÁVEZ MELÉNDEZ
MTRA. MARIBEL PEINADO MACHUCA

tirant lo blanch
Ciudad de México, 2024

En caso de erratas y actualizaciones, la Editorial Tirant lo Blanch publicará la pertinente corrección en la página web www.tirant.com.

© TIRANT LO BLANCH
EDITA: TIRANT LO BLANCH
C/ Artes Gráficas, 14 - 46010 - Valencia
TELFS.: 96/361 00 48 - 50
FAX: 96/369 41 51
Email: tlb@tirant.com
www.tirant.com
Librería virtual: www.tirant.es
ISBN: 978-84-1095-212-6

Si tiene alguna queja o sugerencia, envíenos un mail a: *atencioncliente@tirant.com*. En caso de no ser atendida su sugerencia, por favor, lea en *www.tirant.net/index.php/empresa/politicas-de-empresa* nuestro procedimiento de quejas.

Responsabilidad Social Corporativa: http://www.tirant.net/Docs/RSCTirant.pdf

Índice

Introduccion

En el presente libro desarrollaremos los temas partiendo desde ese punto de análisis e iniciaremos por ver los cimientos que conforman todo ese sistema económico, en nuestro país, a partir de que es un Estado democrático, federal constituido como una República representativa en el cual uno de sus fines esenciales es la observancia y protección de los derechos humanos, por tal razón nuestro derecho fiscal se guía por los principios de legalidad, proporcionalidad y equidad, aunque cabe señalar que analizado desde este punto de vista nuestro sistema fiscal para algunos autores resulta desarticulado y requiere de una profunda reforma, ya que como acertadamente lo señala el Dr. Luis Ponce de León Armenta, el desarrollo integral sustentable de México incluye entre sus rubros fundamentales el desarrollo económico, industrial, comercial y financiero y sobre todo el de la economía familiar el cual debe darse mediante unaestrategia participativa de todos y para todos los mexicanos con el fin de lograr una economía fuerte que genere el desarrollo que se requiere para que la calidad de vida sea una realidad, yel desarrollo económico se vincula estrechamente con la necesidad de una planeación que aborde en forma complementada el desarrollo fiscal, rural, ecológico y urbano [1] y dentro de este contexto, este autor incluso propone la elaboración de un nuevo modelo del Derecho y delEstado como instrumento científico para resolver los problemas de la convivencia, a través del denominado modelo trans-universal del Derecho y del Estado a partir de la investigación científica del derecho, de la política, de la economía y demás ciencias so-

---

1 Ponce de León Armenta, Luis, *Nuevo Pacto Nacional*, Editorial Porrúa, México D. F. 2005.Pág. 285

ciales para la creaciónde nuevos contenidos funcionales y científicos congruentes con la verdad, la justicia y demás valores humanos, ya que los existentes señala este autor por lo general están limitados en el subjetivismo, en el liberalismo, el individualismo y en visiones parciales de la realidad, provocando en consecuencia políticas deficientes y la insatisfacción de las necesidades de justicia, seguridad y autorrealización entre otras.[2]

Esta se realiza a través de la conjunción del Derecho Fiscal o Tributario, el Derecho Patrimonial y el Derecho Presupuestario. Estas tres ramas conforman el Derecho Financiero.

El Derecho Fiscal aporta los medios económicos para sufragar los gastos públicos.

El Derecho Patrimonial contribuye con el producto de la explotación y regulación de los recursos patrimoniales del Estado.

El Derecho Presupuestario hace la derrama de lo recaudado en las diferentes actividades económicas, políticas y sociales según la planeación nacional que hace la administración que plasma anualmente en el documento denominado Presupuesto de Egresos.

Las tres anteriores ramas del derecho integran el Derecho Financiero Mexicano.

El Derecho Financiero es el conjunto de normas jurídicas que regulan la actividad del Estado en tres momentos: la obtención de tributos, el cuidado y explotación de sus bienes patrimoniales y la erogación de recursos monetarios para los gastos públicos.

---

2 Ponce de León Armenta, Luis, *Modelo Trans-universal del Derecho y el Estado*, Editorial Porrúa, México D.F. 2006. Pág. XXXIV

El Derecho Fiscal es el conjunto de normas jurídicas que regulan la relación estado- contribuyente respecto al nacimiento, determinación, cobro y litigio de las contribuciones.

Estas definiciones encuadran en el concepto tradicional de interpretación del Derecho y del Estado, y que tiene su referencia en la teorías pura del derecho de Hans Kelsen y su doctrina positivista, que se ocupa más de la estructura lógica de las normas jurídicas que de su contenido y que define la ciencia del derecho como el conocimiento de las normas,[3] sin embargo hoy en día esta construcción doctrinal está en revisión a partir de la realidad actual,ya que mucho ha cambiado la realidad social de la época en que se formuló esta teoría a la actual en la que encontramos diferentes condiciones sociales, económicas y políticas y un mundo más globalizado. De ahí la construcción de nuevos conceptos de derecho, como es el caso de la definición que propone el Dr. Luis Ponce de León Armenta, quien lo define como la ciencia que se manifiesta como un sistema de valores, de principios, doctrinas, legislación, jurisprudencia, resoluciones jurisdiccionales y convenios que tienen por objeto regir y armonizar las relaciones humanas e institucionales y su entorno natural con el fin de realizar lajusticia y la seguridad jurídica y dentro de esa definición el Derecho Financiero es el que rige, regula y armoniza las relaciones humanas e institucionales y su entorno natural con motivo de las finanzas públicas y privadas, el mercado de valores y de dinero y la aplicación de recursos financieros en el marco de la justicia y la seguridad jurídica, en tanto que el Derecho Fiscal, es el que rige y armoniza las relaciones humanas y su entorno natural cuando se generan con motivo de la contribución equitativa y proporcional del gobernado con el gasto

---

3 Muñoz Rocha, Carlos I., *Teoría del Derecho,* Editorial Oxford University Press, México, D.F. 2006, Pág. 131.

público de la organización política en el marco de la justicia y la seguridad jurídica.[4]

Como podemos observar estamos en presencia de un sistema financiero que se compone de dos conjuntos de normas, sobre las cuales desarrollaremos esta obra ya que cuando se habla de normas no solo estamos hablando del derecho positivo, sino también de los conceptos jurídicos fundamentales que las nutren, su contexto histórico social y la realidad a la cual se aplica, es decir el reflejo de las políticas económico sociales del Estado.[5]

I.- BASES TEORICAS DEL SISTEMA FINANCIERO MEXICANO.

I.1.- Introducción

El Estado tiene que aplicar una serie de políticas encaminadas al bienestar social, sustentadas en la regulación de los sistemas sociales, para que estos sirvan como medios eficaces para elevar el nivel de vida de sus ciudadanos, buscar una mejor distribución de la riqueza y permitir la educación, la seguridad pública, la salud, el trabajo, la recreación, la cultura, el deporte para mejorar las condiciones de vida del ser humano, eliminando desigualdades y en este contexto tenemos que el derecho fiscal forma parte de un sistema económico social, donde el Estado utiliza los recursos de que dispone una sociedad determinada para asegurar elcumplimiento de sus fines, de con-

---

4 Ponce de León Armenta, Luis, *Modelo Trans-universal del Derecho y el Estado,* Ob. Cit. Págs. 8 y 9

5 Muñoz Rocha, Carlos I., OB. CIT.

formidad a un conjunto de reglas y principios establecidos, así como las formas organizadas con que cuenta la sociedad para responder a sus retos, por lo que como puede apreciarse el derecho fiscal dentro de ese esquema, por un lado requiere de la captación de recursos y por otra parte, regular el gasto de esos recursos y en el primer plano encontramos el derecho fiscal y en el segundo el derecho presupuestal como parte del sistema económico del Estado.

A partir de este punto tenemos que están los sistemas Jurídicos como conjunto articulado y coherente de instituciones, métodos, procedimientos y reglas legales que constituyen el derecho positivo en un lugar y tiempo determinado.[6]

La palabra "systema" deriva del griego que significa reunir por lo que cada sociedad en relación a los problemas de su tiempo y en función de sus necesidades ha desarrollado un Sistema Jurídico, ya que en forma general la palabra sistema significa conjunto de reglas o principios sobre una materia, enlazados entre sí,[7] por lo que cada Estado ha desarrollado su sistema jurídico económico conforme a sus ideales políticos, sociales y económicos y los ha instituido con una marcada interacción de los diversos sistemas que a lo largo de la historia los han influido, de tal forma que cualquier sistema jurídico contemporáneo que se analice se verá siempre conformado con contenidos de otros sistemas, mediante la adopción voluntaria de elementos teórico y prácticos.

---

6 González González, Manuel B. *Sistemas Jurídicos Contemporáneos,* Ediciones del Azar, A.C. Chihuahua, México, 2004. Págs. 18 y 19.

7 Sirven Gutiérrez, Consuelo, Villanueva Colín, Margarita. *Sistemas Jurídicos Contemporáneos,* Editorial Oxford University Press Harla, México 1996. Pág. 4

Cabe señalar que si bien es cierto desde la antigüedad el ser humano ha establecido de acuerdocon su forma de gobierno, economía, e incluso religión, sistemas jurídicos, que evidentemente se pueden clasificar desde el punto de vista ideológico que los nutre, así pues tenemos el derecho anglosajón, los sistemas socialistas, el derecho musulmán, o como en nuestro país quees un sistema de derecho democrático, republicano, con una acentuada herencia del derecho romano y francés, [8]aunque por otra parte también es importante destacar que debido al gran avance de la tecnología y de los sistemas de comunicación, se ha globalizado el conocimiento, además de la economía y de las interrelaciones humanas desarrollándose una comunidad global en donde encontraremos el manejo de elementos tales como la imposición de modelos fiscales en una marcada competencia de ámbitos no únicamente nacionales sino también regionales, generándose de esta manera no solo un conocimiento intercultural, sino también underecho intercultural [9]como es el caso de la comunidad europea, por tal razón hoy en día se hace todavía más importante el estudio del derecho fiscal sin perder de vista estos procesos de globalización de nuestros días.

El derecho fiscal como parte de un sistema económico también debe ser estudiado a través de una nueva visión integral y para tal efecto es conveniente apoyarse en el análisis de sistemas, que como ciencia es una disciplina reciente y más en el campo del Derecho ya que la primera obra en su género es la Teoría General de Sistema editada en 1968 por Ludwig Von

---

8 González González, Manuel B. *Ob.Cit.*.

9 Hôffe Otfried, *Derecho Intercultural,* Editorial Gedisa, S. A., Barcelona (España), 2008.

Bertalanffy,[10] que introduce este nuevo concepto mismo que es aplicado en diversos campos de la ciencia, del cual no podía estar exento el Derecho, ya que por sistema se entiende el todo que se conforma con cada uno de sus elementos, sus interacciones, las influencias que tienen entre sí y sus consecuentes modificaciones, para la obtención de un resultado, ya que el todo no es más que la suma de todas las partes, por lo que el estudio, análisis y comprensión de estos tiene la finalidad que ese producto llamado toma de decisiones, sea el más eficiente y eficaz, como tal cada sistema tiene uno o varios propósitos u objetivos, en el caso del Sistema Económico del Estado, es la regulación de su actividad económica por tal razón, en el presentelibro desarrollaremos los temas partiendo desde ese punto de análisis e iniciaremos por ver los cimientos que conforman todo ese sistema económico, en nuestro país, a partir de que es un Estado democrático, federal constituido como una República representativa en el cual uno de sus fines esenciales es la observancia y protección de los derechos humanos, por tal razón nuestro derecho fiscal se guía por los principios de legalidad, proporcionalidad y equidad, aunque cabe señalar que analizado desde este punto de vista nuestro sistema fiscal para algunos autores resulta desarticulado y requiere de una profunda reforma, ya que como acertadamente lo señala el Dr. Luis Ponce de León Armenta, el desarrollo integral sustentable de México incluye entre sus rubros fundamentales el desarrollo económico, industrial, comercial y financiero y sobre todo el de la economía familiar el cual debe darse mediante una estrategia participativa de todos y para todos los mexicanos con el fin de lograr una economía fuerte que genere el desarrollo que se requiere para que la calidad de vida sea una realidad,

---

10 Ver Ludwig Von Bertalanffy, *Teoría General de los Sistemas* México F.C.E. 1991

yel desarrollo económico se vincula estrechamente con la necesidad de una planeación que aborde en forma complementada el desarrollo fiscal, rural, ecológico y urbano [11] y dentro de este contexto, este autor incluso propone la elaboración de un nuevo modelo del Derecho y delEstado como instrumento científico para resolver los problemas de la convivencia, a través del denominado modelo trans-universal del Derecho y del Estado a partir de la investigación científica del derecho, de la política, de la economía y demás ciencias sociales para la cresults de nuevos contenidos funcionales y científicos congruentes con la verdad, la justicia y demás valores humanos, ya que los existentes señala este autor por lo general están limitados en el subjetivismo, en el liberalismo, el individualismo y en visiones parciales de la realidad, provocando en consecuencia políticas deficientes y la insatisfacción de las necesidades de justicia, seguridad y autorrealización entre otras.[12]

Esta se realiza a través de la conjunción del Derecho Fiscal o Tributario, el Derecho Patrimonial y el Derecho Presupuestario. Estas tres ramas conforman el Derecho Financiero.

El Derecho Fiscal aporta los medios económicos para sufragar los gastos públicos.

El Derecho Patrimonial contribuye con el producto de la explotación y regulación de los recursos patrimoniales del Estado.

El Derecho Presupuestario hace la derrama de lo recaudado en las diferentes actividades económicas, políticas y sociales según la planeación nacional que hace la administración que plasma anualmente en el documento denominado Presupuesto de Egresos.

---

11 Ponce de León Armenta, Luis, *Nuevo Pacto Nacional*, ob. Cit. Pág. 285

12 Ponce de León Armenta, Luis, *Modelo Trans-universal del Derecho y el Estado*, ob. Cit..Pág. XXXIV

Las tres anteriores ramas del derecho integran el Derecho Financiero Mexicano.

I.2.-Derecho Financiero y Derecho Fiscal

El Derecho Financiero es el conjunto de normas jurídicas que regulan la actividad del Estado en tres momentos: la obtención de tributos, el cuidado y explotación de sus bienes patrimoniales y la erogación de recursos monetarios para los gastos públicos.

El Derecho Fiscal es el conjunto de normas jurídicas que regulan la relación estado- contribuyente respecto al nacimiento, determinación, cobro y litigio de las contribuciones.

Estas definiciones encuadran en el concepto tradicional de interpretación del Derecho y del Estado, y que tiene su referencia en la teorías pura del derecho de Hans Kelsen y su doctrina positivista, que se ocupa más de la estructura lógica de las normas jurídicas que de su contenido y que define la ciencia del derecho como el conocimiento de las normas,[13] sin embargo hoy en día esta construcción doctrinal está en revisión a partir de la realidad actual, ya que mucho ha cambiado la realidad social de la época en que se formuló esta teoría a la actual en la que encontramos diferentes condiciones sociales, económicas y políticas y un mundo más globalizado. De ahí la construcción de nuevos conceptos de derecho, como es el caso de la definición que propone el Dr. Luis Ponce de León Armenta, quien lo define como la ciencia que se manifiesta como un sistema de valores, de principios, doctrinas, legislación, jurisprudencia, resoluciones jurisdiccionales y convenios que tienen por objeto regir y armonizar las relaciones humanas e institucionales y su

---

[13] Muñoz Rocha, Carlos I., *Teoría del Derecho,* Ob. Cit., Pág. 131.

entorno natural con el fin de realizar la justicia y la seguridad jurídica y dentro de esa definición el Derecho Financiero es el que rige, regula y armoniza las relaciones humanas e institucionales y su entorno natural con motivo de las finanzas públicas y privadas, el mercado de valores y de dinero y la aplicación de recursos financieros en el marco de la justicia y la seguridad jurídica, en tanto que el Derecho Fiscal, es el que rige y armoniza las relaciones humanas y su entorno natural cuando se generan con motivo de la contribución equitativa y proporcional del gobernado con el gasto público de la organización política en el marco de la justicia y la seguridad jurídica.[14]

Como podemos observar estamos en presencia de un sistema financiero que se compone de dos conjuntos de normas, sobre las cuales desarrollaremos las diferentes teorías del conocimiento jurídico que las construye, ya que el alumno deberá comprender que cuando se habla de normas no solo estamos hablando del derecho positivo, sino también los conceptos jurídicos fundamentales que las nutren, su contexto histórico social y la realidad a la cualaspira la comunidad, es decir el reflejo de las políticas económico sociales del Estado.[15]

I.3.-Base Constitucional del Derecho Fiscal

El poder tributario es el derecho del Estado de exigir de los particulares la aportación de una parte de su riqueza para satisfacer los gastos públicos cuyo fundamento se encuentra en la Constitución Federal en el artículo 31, fracción IV, que dice, "Son obligaciones de los mexicanos a contribuir para los

---

14 Ponce de León Armenta, Luis, *Modelo Trans-universal del Derecho y el Estado,* Ob. Cit. Págs. 8 y 9

15 Muñoz Rocha, Carlos I., OB. CIT.

gastos públicos, así de la Federación, como del Estado y Municipio en que residan, de la manera proporcional y equitativa que dispongan las leyes".[11]

Tal precepto nos dice que no es opcional el pago de las contribuciones, sino una obligación que, a través de la ley, se impone a todos los mexicanos y si bien es cierto que no menciona a los extranjeros éstos también están obligados por los ingresos que obtengan de las fuentes nacionales de riqueza o por el simple hecho de beneficiarse de los servicios que presta el poderpúblico, como se puede advertir en el artículo 9 frac. 1 inciso a) del Código Fiscal de la Federación, que señala como residentes del territorio nacional obligados al pago de los impuestos a las personas físicas que hayan establecido su casa habitación en México.[12] Dicha obligación constituye el vínculo de derecho por el que todos los contribuyentes estamos constreñidos a pagar algún servicio o cosa.

Por gastos públicos son todas aquellas erogaciones que se hacen por parte del Estado para satisfacer las necesidades colectivas como lo son la educación, la salubridad, las comunicaciones, el orden interno, entre otras.

Cuando el dispositivo en comento hace referencia a la residencia, se refiere al lugar donde viven las personas físicas o se localizan las jurídicas, es decir, en México como país, las Entidades Federativas y Municipios. Esto nos dice que hay contribuciones federales, estatales y municipales que deben ser pagadas a los respectivos sujetos activos.

Al hacer referencia a la proporcionalidad y equidad, esto quiere decir que las contribuciones, no deben de exceder la capacidad de pago de los contribuyentes, y si es así, habrá justicia o equidad tributaria.

La última parte de tan importante precepto constitucional habla de la manera en que disponganlas leyes, con lo cual se refiere a que no puede haber contribución que no esté en la ley es decir, *"nullum tributum sine lege"*, pues es el Poder Legislativo el titular del poder tributario, ya que constitucionalmente es el facultado para crear leyes, y es precisamente en las leyes, en donde se deben establecer las contribuciones; mientras que al Poder Ejecutivo compete la aplicación de las leyes; y al Judicial corresponde el control constitucional.

De todo lo anterior podemos decir que para que una contribución sea legal debe estar en la ley,ser proporcional y equitativa y destinarse a los gastos públicos.

I.4.-Principios Constitucionales Fiscales

A partir de lo anterior estudiaremos dentro del sistema jurídico del Estado Mexicano los principios constitucionales que se refieren al Derecho Fiscal, estableciendo su marco conceptual y analizando su validez sistémica, fáctica y axiológica.

Los principios que en materia tributaria aparecen consignados en la Carta Magna representan las guías supremas de todo el orden jurídico-fiscal, debido a que las normas que integran dichoorden deben reflejarlos y respetarlos en todo momento, ya que de lo contrario asumirán caracteres de inconstitucionalidad, y por ende, carecerán de validez jurídica, estando los afectados por tales disposiciones facultados para interponer el correspondiente Amparo y evitar así que les sea aplicada cualquier norma que contravenga los principios rectores que la Ley Suprema consagra.

El origen de nuestra base fiscal la tenemos en la fracción IV del Artículo 31 Constitucional del cual se desprenden los siguientes Principios:

- Principio de Generalidad
- Principio de Obligatoriedad

- Principio de Vinculación con el Gasto Público
- Principio de Proporcionalidad y Equidad
- Principio de Legalidad

I.4.1.-Principio de Generalidad

Este principio está íntimamente ligado al de legalidad. Se dice que una ley es General cuando se aplica, sin excepción, a todas las personas que se coloquen en las diversas hipótesis normativas que la misma establezca. Por ello se afirma que las leyes van dirigidas a "una pluralidad innominada de personas. Establecido lo anterior, estimamos que el principio de generalidad tributaria estriba en que sólo están obligados a pagar las contribuciones aquellas personas, físicas o morales, que por cualquier motivo o circunstancia se ubiquen en alguna de las hipótesis normativas previstas en las leyes tributarias, llevando a cabo en consecuencia, el respectivo hecho generador de las contribuciones.

Flores Zavala nos indica que: "*El Principio de Generalidad no significa que todos deben pagar impuestos, sino que todos los que tienen capacidad contributiva paguen algún impuesto*". [16]

Es decir, que los impuestos deben gravar a todos aquellos individuos cuya situación coincida con la que la ley señala como hecho generador del crédito fiscal, sin excepciones.

El principio en cuestión tiene su fundamento en el artículo 31, fracción IV, que señala: "*Son obligaciones de los mexicanos*" lo que quiere decir que toda persona que se encuentre dentro las hipótesis normativas queda obligada a contribuir a los gastos

---

[16] Flores Zavala, Ernesto, Finanzas Públicas Mexicanas, Editorial Porrúa S.A. de C.V. Mexico 2004 Pág. 140.

públicos. Es de notar que dicha obligación lleva implícita la "capacidad contributiva" citada anteriormente.

El encabezado de referencia, que habla de "*las obligaciones de los mexicanos*" plantea una seria interrogante: ¿Significa acaso que los extranjeros residentes en México o residentes en el extranjero que obtengan ingresos de fuentes de riqueza ubicadas en territorio nacional, **no** deben pagar ninguna contribución al fisco nacional?

La respuesta es negativa, pues esto significaría un privilegio para los extranjeros o unadiscriminación para los mexicanos. Tanto el Código Fiscal de la Federación, como otras leyesordinarias obligan a los extranjeros a contribuir a los gastos públicos como si fueran nacionales de acuerdo con el principio de residencia y ubicación de las fuentes de riqueza.[17]

La fracción IV del Artículo 31 Constitucional constituye una obligación ciudadana de carácter público de contribuir a los gastos públicos de la Federación, Estados y de los Municipios, como pueden ser el prestar el servicio militar o el hacer que los hijos concurran a recibir educación primaria.

Es decir, que toda persona que se ubique en alguna de las hipótesis normativas previstas en una ley tributaria, automáticamente adquiere la obligación de cubrir la correspondiente prestación dentro del plazo que la misma señala.

Las contribuciones son ingresos tributarios que el Estado requiere para el desarrollo de sus actividades y es por ello, que una vez que se ha consagrado su existencia normativa a través dela expedición de leyes que reúnan los requisitos constitucionales (que estén en la ley, que sean proporcionales y equi-

---

[17] Carrasco Iriarte, Hugo, *Diccionario de Derecho Fiscal*, Editorial Oxford university press, México, 1998, Pág. 183.

tativos y que se destinen a los gastos públicos), el Fisco está facultado para hacerlos efectivos mediante el uso de todas las atribuciones que le confiere el hecho deser un órgano representativo de los poderes públicos.

Por lo anterior podemos decir que el cobro de contribuciones es un acto de soberanía que le permite a la Administración Pública ejercitar plenamente su potestad de imperio. Esta potestad es de carácter obligatorio pues el Fisco no puede quedar sujeto a la "buena voluntad" de los contribuyentes, toda vez que la función recaudatoria no es una colecta de caridad, sino una cuestión de vital interés público y que por lo mismo se acude a una ejecución forzosa mediante el Procedimiento Administrativo de Ejecución mejor conocido como PAE, conocido también como procedimiento económico coactivo. Esto nos dice que si un contribuyente **no** paga la contribución adeudada dentro del plazo que la ley le concede, de inmediato la autoridad fiscal le aplica el procedimiento correspondiente. A este punto cabe decir que el cobro de una contribución exigible, es el único acto jurídico que lleva aparejada su ejecución.

La obligación de contribuir al sostenimiento de los gastos públicos no es, en modo alguno, unadonación graciosa o una aportación voluntaria, se trata de un verdadero sacrificio para los contribuyentes, pues su finalidad es que puedan éstos contar con una serie de serviciospúblicos y obras de beneficio colectivo, sin las cuales la vida en sociedad sería imposible.

I.4.2.-Principio de Vinculación con el Gasto Público

El artículo y fracción Constitucional de marras nos señala la finalidad que tiene la recaudaciónde contribuciones que no es otra cosa que saciar las necesidades colectivas de la población. Sería ilógico e infundado que el Estado exigiera en forma permanente de los contribuyentes, una serie de contribuciones sin entregarles nada a cambio. Por el contrario, es una verdad fácilmente comprobable que en aquellos países en donde se disfruta de mejores servicios públicos, los contribuyentes pagan con mayor regularidad y seriedad sus impuestos que en aquellos en donde tales servicios resultan deficientes e inconstantes en cuanto a su prestación.

Lo anterior prueba la estrecha vinculación e interdependencia que existe entre el pago de contribuciones y el gasto público. O sea, que debemos pagar, pero a la vez exigir la satisfacción de las necesidades públicas. Desafortunadamente las "pandillas políticas" en los diferentes partidos han corrompido este importante principio social para convertirlo en un beneficio personal.

La Suprema Corte atinadamente señaló: "El gasto público, doctrinaria y constitucionalmente, tiene un sentido social y un alcance de interés colectivo; y es y será siempre gasto público, que el importe de lo recaudado por la Federación, a través de los impuestos, derechos, productos y aprovechamientos, se destine a la satisfacción de las atribuciones del Estado relacionadas con las necesidades colectivas o sociales, o los servicios públicos".[18]

I.4.3.-Principio de Proporcionalidad y Equidad

Este principio es herencia de lo que dictó Adam Smith en su obra la Riqueza de las Naciones, siendo recogido por los constituyentes de 1857 y reconocido por los de 1917. Sobre este principio no ha habido mucha explicación, y por ello

---

[18] Semanario Judicial de la Federación y su gaceta, registro 388026 Jurisprudencia Séptima Época, rubro "GASTO PÙBLICO, NATURALEZA CONSTITUCIONAL DEL".

se ha prestado a agudas discusiones sobre su aplicación. Hasta la fecha existen discrepancias sobre si es un solo principio o si son dos.[19]

El principio de proporcionalidad señala que los gravámenes se fijen en las leyes de acuerdo con la capacidad económica de cada contribuyente, de manera que las personas que obtengan ingresos elevados tributen en forma cualitativamente superior a las de medianos y reducidos recursos y por la otra, que, a cada contribuyente individualmente considerado, exclusivamente la ley lo obligue aaportar al Fisco una parte razonable de sus percepciones gravables.

Por eso se sostiene que las únicas contribuciones que se ajustan al Principio deProporcionalidad son las que se determinan a base de tarifas progresivas, ya que dichas tarifas son precisamente las únicas que garantizan que a un ingreso superior corresponda, en términoscualitativos, una contribución mayor. De ahí que en aquellos regímenes fiscales en los que se desea velar por la debida vigencia del Principio que nos ocupa, se proscriba toda posible existencia de impuestos a tasas o cuotas fijas, las que como los señalamos oportunamente, implican que quienes más ganan contribuyen cuantitativamente en mayor volumen que los que menos ganan, pero sufriendo ambos tipos de contribuyentes idéntica afectación patrimonial. Cosa que obviamente no ocurre cuando se establecen tarifas porcentuales progresivas.

En síntesis, el principio en cuestión aparece vinculado con la capacidad económica de los contribuyentes, la que debe ser gravada diferencialmente conforme a tarifas progresivas para que en cada caso el impacto patrimonial sea distinto no sólo en cantidad, sino en lo tocante al mayor o menor sacrificio, refleja-

---

19 Ver Carrasco Iriarte, Hugo, Ob. Cit. Págs. 182 a 208

do cualitativamente en la disminución patrimonial que proceda, la que debe corresponder a su vez, a los ingresos obtenidos.

I.4.4.-Principio de Equidad

Siguiendo la acepción aristotélica, la equidad significa la aplicación de la justicia a casos concretos, la cual se obtiene tratando igual a los iguales y en forma desigual a los desiguales.

Para Margain Manautou estima a su vez que un tributo será equitativo cuando su impacto económico, sea el mismo para todos los comprendidos en la misma situación, y señala que no es equitativo para los contribuyentes tomar en consideración para imponer el tributo, el giro y el capital invertidos en un negocio, ya que con esto se grava más fuertemente al comercio grande que al pequeño, a pesar de que en muchos casos el pequeño obtiene mayores ingresos obien mayores utilidades, de acuerdo al capital invertido y señala que el método recogido en nuestra legislación para evitar la inequidad principalmente es el indiciario que consiste en tomar en cuenta para la fijación del pago ciertas pruebas indirectas de la actividad del contribuyente o del objeto gravado. [20]

Si la ley no es general por ese sólo hecho ya es inequitativa y contraria al artículo 31 fracción IV constitucional. De todo lo anterior podemos arribar a la conclusión de que el común denominador del Principio de Equidad está constituido por la igualdad. Esto quiere decir que las leyes fiscales deben otorgar el mismo tratamiento a todos los sujetos pasivos que se encuen-

---

[20] Ver Margain Manautou, Emilio, *Introducción al Estudio del Derecho Tributario Mexicano*, Editorial Porrúa, Novena edición, México 1989. Pág. 349 a 360.

tren colocados en idéntica situación, sin hacer discriminaciones y, por ende, contrarias atoda noción de justicia.

Dicho principio significa la igualdad ante la ley tributaria de todos los sujetos pasivos de una misma contribución, por lo que deben de recibir un tratamiento igual en lo que se refiere a la norma, de ingresos gravables, deducciones permitidas, plazos de pago, etc. debiendo únicamente variar las tarifas aplicables a la capacidad económica de cada contribuyente. En esencia la equidad atiende a la igualdad en la regulación de todos los elementos integrantes de la contribución, con excepción de las tasas, cuotas o tarifas. Es decir, la norma tributaria no debe establecer distinciones concediendo, por ejemplo, mayor plazo de pago para determinados contribuyentes, sancionar con diferente severidad el mismo tipo de infracción, entre otras.

La Proporcionalidad puede definirse como el Principio en virtuddel cual todas las leyes tributarias, por mandato constitucional, deben: establecer cuotas, tasa o tarifas progresivas que graven a los contribuyentes en función de su verdadera capacidad económica; afectar fiscalmente una parte justa y razonable de los ingresos, utilidades o rendimiento obtenidos por cada contribuyente individualmente considerado y distribuir equilibradamente entre todas las fuentes de riqueza existentes y disponible en el País, el impacto global de la carga tributaria, a fin de que la misma no sea soportada por una o varias fuentes en particular.

La Equidad se define como el Principio en virtud del cual, por mandato constitucional, la ley tributaria debe otorgar un tratamiento igualitario a todos los contribuyentes de un mismo tributo en todos los aspectos de la relación jurídico-fiscal, es decir, normas de causación, objeto gravable, fechas y formas de pago, gastos deducibles, sanciones, etc. con excepción de las tasas, cuotas o tarifas, que deberá encontrarse inspirado en criterios de progresividad. Dicho en otras palabras, la Equidad tributaria significa que los contribuyentes de un mismo impuesto deben guardar una situación de igualdad frente a la norma jurídica quelo establece y regula.

La proporcionalidad atiende al aspecto de la capacidad económica de loscontribuyentes, y a la distribución de las cargas fiscales, mientras que la equidad se refiere al problema de la igualdad de los contribuyentes ante la ley. La proporcionalidad está vinculada con la economía del país, y la equidad serefiere a la posición específica del contribuyente frente a la ley fiscal. Atiende al aspecto económico de tasas, cuota tarifas, entanto la equidad se ocupa por el sujeto, objeto, forma y lugar de pago, debe inspirarse en criterio de progresividad, y el deequidad se base en un principio de igualdad, persigue la justicia en el sistema tributario del país, encambio la equidad en la aplicación de la justicia en casos concretos, busca la desigualdad a efecto de gravar con mayor intensidad a los contribuyentes con mayores ingresos que a los de menor ingreso; por su parte la equidad trata igual a los iguales y desigual a los desiguales.

I.4.5.-Principio de Legalidad

El artículo 31 constitucional establece que debe contribuirse a los gastos públicos "*de la manera proporcional y equitativa que dispongan las leyes*"[21] ratificando mediante esta última frase el principio en cuestión que hemos invocado repetidamente. Lo anterior nos dice que el Derecho Fiscal se finca en la ley y nada más que en la ley.

El hecho que los tributos se encuentren en la ley, constituye una garantía para el contribuyente, pues no se le pueden cobrar

---

21 Constitución Política de los Estados Unidos Mexicanos.

lo que no existe en la vida jurídica, pudiendo además oponerse a la actitud arbitraria de quienes, detentando el poder público, pretenden utilizar el derecho que el Estado tiene de exigir aportaciones económicas a sus gobernados como pretexto para hacerlos víctimas de toda clase de abusos y confiscaciones.

El Principio de Legalidad obedece a dos enunciados a saber:

La autoridad fiscal no puede llevar a cabo acto alguno o realizar función alguna dentro del ámbito tributario, sin encontrarse previa y expresamente facultada para ello por una leyaplicable al caso.

Por su parte, los contribuyentes sólo se encuentran obligados a cumplir con los deberes que previa y expresamente les impongan las leyes aplicables y exclusivamente pueden hacer valer ante el Fisco los derechos que esas mismas leyes les confieren.

II.- SISTEMA TRIBUTARIO MEXICANO

En todo sistema jurídico se pueden presentar diferentes conflictos sobre la interpretación de las normas aplicables a un caso concreto, los que se pueden dar en el ámbito de la competenciapor materia, territorio o ámbito personal, y el derecho fiscal no está exento de éste fenómeno, de ahí la importancia de entender, la diferencia entre potestad y competencia tributaria, la competencia tributaria de la Federación, las Entidades Federativas y el Municipio, las reglas para establecer la competencia tributaria y las ventajas y desventajas de la coordinación y la concurrencia fiscal.

II.1.-El Estado Mexicano como Sujeto Activo de los Tributos.

El tributo, contribución o ingreso tributario es el vínculo jurídico en virtud del cual el Estado, actuando como sujeto activo, exige a un particular o entidad pública denominado sujeto pasivo, el cumplimiento de una prestación pecuniaria, excepcionalmente en especie, veamos ahora su análisis:

Existencia de un vínculo jurídico. Es a través de la ley como un servidor público u órgano fiscal puede llevar a cabo un acto aplicable al caso concreto; en tanto que los contribuyentes sólo deben cumplir con las obligaciones y ejercitar los derechos que las propias leyes aplicables establezcan. Es decir que el vínculo entre el fisco y el contribuyente lo hace la ley. Para ello debemos recordar el aforismo romano *"Nullum tributum sine lege"*

El Estado como sujeto activo, la calidad de sujeto activo recae en la Federación, Estados, Municipios y Organismos Descentralizados, toda obligación presupone la existencia de una ley y de un sujeto activo que establece la obligación de dar, hacer, no hacer otolerar. Aquí, la autoridad es la encargada de la determinación, recaudación y administración de las contribuciones, como contrapartida, toda obligación impositiva implica un sujeto pasivo, que es aquel a cuyo cargo se encuentra el cumplimiento de la obligación, o del deberde dar, hacer, no hacer o tolerar.

El propósito fundamental perseguido por la relación jurídica tributaria es de dotar al Estado de los medios y recursos para sufragar gastos públicos y poder así atender las necesidades sociales. Por consiguiente, los tributos que de ella derivan poseen un contenidoeminentemente económico, pues como lo acabamos de recordar, van a consistir, en esencia, enel sacrificio que los contribuyentes hacen de una parte proporcional de sus ingresos, ganancias o rendimientos. Dicho contenido económico se expresa generalmente en forma pecuniaria, es decir, en cantidades determinadas y liquidadas en moneda del curso legal en el país, aunque excepcionalmente se permite el pago en especie.

Irretroactividad de la Ley Tributaria, el artículo 6, segundo párrafo, del Código Fiscal de la Federación dispone que: "las contribuciones se determinarán conforme a las disposiciones vigentes en el momento de su causación, pero les serán aplicables las normas sobre procedimiento que se expidan con posterioridad". Esto quiere decir que las normas jurídicas relacionadas con el nacimiento y la cuantificación de la obligación tributaria no pueden ser objeto de aplicación retroactiva, existe retroactividad cuando una ley nueva afecta derechos que ya forman parte del patrimonio de una persona o facultades que ya fueron ejercitadas, como principio constitucional en contra de la retroactividad tenemos el artículo 14, que ordena a ninguna ley se le puede dar efectos retroactivos, siendo posible únicamente, como excepción, el otorgamiento de subsidios y exenciones.

Potestad y Competencia Tributaria, potestad tributaria es la fuerza del Estado que nace originalmente de la voluntad del pueblo que se plasma en la Constitución y de la cual surge la ley, de donde dimana la potestad que los órganos pueden hacer bajo el sometimiento al orden jurídico establecido, la Carta Magna en sus artículos 39,40 y 42 reconoce esta fuerza como la voluntad del pueblo en quien reside el poder superior del Estado, es decir, la soberanía por cuya manifestación se estructuró el Estado Mexicano, con una organización determinada para el ejercicio de su poder a través de sus funciones legislativa, ejecutiva y judicial.

Adicionalmente podemos decir que el poder del Estado, Poder Tributario, cuando lo referimos a nuestra materia, fue plasmado en la Constitución de donde dimana esta potestad. En este sentido la potestad tributaria se expresa como la facultad para imponer contribuciones, lo cual es inherente al Estado en razón de su poder de imperio y se ejerce cuando el órgano respectivo, o sea el Congreso de la Unión, establece las contribuciones en la ley que vinculará individualmente a los sujetos activo y pasivo de la relación tributaria. Es decir, que la potestad se manifiesta en el campo legislativo con la creación de normas las cuales someten a los contribuyentes a su cumplimiento a través de la competencia tributaria, como es lógico, esta potestad tiene su límite en los Derechos Fundamentales consagradas en la Constitución, por último, debemos señalar que la Potestad Tributaria se encuentra distribuida entre la Federación, Ciudad de México y Entidades Federativas, no así los Municipios que dependen de su legislatura estatal para legislar en materia tributaria, tarea misma que les impone el artículo 115 constitucional.

Competencia Tributaria, esta figura tiene el encargo del Estado para que la autoridad fiscal obre en contra del patrimonio de los contribuyentes ya sean personas físicas como morales, dicha competencia la constituye un poder jurídico, general y abstracto para que puedan actuar los órganos públicos de esta materia, de los cuales se deriva el poder del Estado, sometiéndose a un orden jurídico preestablecido, la competencia no es otra cosa que la facultad de cobro quese encuentra distribuida entre la Federación, Estados y Municipios.

II.2.-Federación.

El Estado Mexicano como consecuencia del ejercicio de su soberanía, es un Estado independiente frente a otros, puede determinar libremente su actividadinterna, auto determinarse en cuanto a su forma de Estado y de gobierno, a su propio orden jurídico, en cuanto a su forma es una república representativa, democrática, federal compuesta de Estados libres y soberanos (autónomos, según la teoría constitucional) en todo lo que concierne a su régimen interior, pero unidos en una federación. Conforme lo establece el artículo 40 Constitucional.[22]

Tenemos que dentro del Federalismo Fiscal Mexicano, atiende primordialmente a la soberanía nacional, y para ello es necesaria la captación de recursos para por medio de ellos poder lograr el desarrollo y progreso del país, para lograr esto el artículo 124 constitucional nos dice lo que se denomina reserva expresa de la ley, como facultades para el orden federal, al establecer que "Las facultades que no están expresamente concedidas por esta Constitución a los funcionariosfederales, se entienden reservadas a los Estados".

La actividad del Estado como señala el maestro Gabino Fraga es el conjunto de actos materiales y jurídicos, operaciones y tareas que realiza en virtud de las atribuciones que la legislación positiva le otorga y que obedece a la necesidad de alcanzar los fines del Estado,que el término atribuciones es un término ya admitido por la doctrina, que se distingue de otros ya usados como sinónimo, como derechos, facultades, prerrogativas, o competencia, en tanto que atribución es un término inequívoco[23] que se refiere a las funciones que se le han asignado al Estado, y en ese sentido en nuestro sistema constitucional en la fracción XXIX del artículo 73 Constitucional, otorga al Congreso de la Unión potestad tributaria exclusiva en las siguientes materias, para establecer contribuciones:

---

22 Acosta Romero, Miguel, Teoría General del Derecho Administrativo, Editorial Porrúa, S. A. primera edición,México 1993.

23 Fraga, Gabino, Derecho Administrativo, Editorial Porrúa, S. A. vigésima edición, México 1980. Pág. 13.

1. Sobre el Comercio exterior.
2. Sobre el aprovechamiento y explotación de los recursos naturales comprendidos en lospárrafos 4° y 5° del artículo 27 Constitucional.
3. Sobre instituciones de crédito y sociedades de seguros.
4. Sobre servicios públicos concesionarios o explotados directamente por la Federación, yespeciales sobre:
   a. Energía eléctrica.
   b. Producción y consumo de tabacos labrados.
   c. Gasolina y otros productos derivados del petróleo.
   d. Cerillos y fósforos.
   e. Aguamiel y productos de su fermentación.
   f. Explotación forestal.
   g. Producción y consumo de cerveza.

En relación a las vías generales de comunicación, televisión y radio no podrán ser objeto decontribución de la Federación, de los Estados o de los municipios.

Así mismo el artículo 131 señala que: "Es facultad privativa de la Federación gravar lasmercancías que se importen o exporten, o que pasen de tránsito por el territorio nacional así Como reglamentar en todo tiempo y aun prohibir, por motivos de seguridad o de policía, la circulación en el interior de la República de toda clase de efectos cualquiera que sea su procedencia, pero sin que la misma Federación pueda establecer, ni dictar, los impuestos y leyes que expresan las fracciones VI y VII del artículo 117.

El aprovechamiento y explotación de los recursos naturales que se encuentran establecidos en el artículo 27 fracciones IV y V corresponden en exclusividad a la Nación, por lo tanto, a través del Congreso de la Unión es el encargado del régimen tributario de dichos bienes.

Así a través de las leyes reglamentarias la Federación establece participaciones a los estados y municipios en la explotación de tierras y bosques propiedad de la nación.

En relación a las instituciones de crédito y sociedades de seguros se expresa que "todos los bancos, seguros y empresas dedicadas a ese rubro gravaran de manera uniforme independientemente del lugar en que operen".

II.2.-Entidades Federativas

Las entidades federativas participaran en el rendimiento de las anteriores contribuciones especiales, en la proporción que la ley secundaria federal determine. Así las legislaturas locales fijarán el porcentaje correspondiente a los municipios, en los ingresos correspondientesde impuestos sobre energía eléctrica.

De acuerdo al artículo 117 fracciones III, IV, V, VI, VII, IX y 118 fracciones I, II y III Constitucional están expresamente prohibidas a los Estados

II.3.-Municipios

El Municipio como institución tiene su antecedente en México según algunos autores como Miguel Acosta Romero con la instalación del primer ayuntamiento en Coyoacán el 8 de marzo de 1524, el cual se fue rigiendo por las diversas leyes emanadas en España, hasta que en el México independiente se contiene en el decreto del 9 de febrero de 1825 y en la Constitución de 1827, como hemos señalado el Estado Mexicano actualmente es una federación conformado por entidades federativas autónomas en cuyo interior se encuentra el Municipio como una estructura político- administrativa.[24] Al respecto Gabino Fraga ubica al Municipio como un organismo descentralizado por región, [97]sin embargo con la reforma de 1983 y la de 1987 al artículo 115 Constitucional se fortaleció como una organización política y administrativa con facultades para administrar su patrimonio así como su hacienda la cual se formará con los rendimientos de los bienes que le pertenezcan, las contribuciones y otros ingresos que las legislaturas establezcan a su favor, sobre todo lo que se refiere a la propiedad inmobiliaria de los inmuebles que se encuentran dentro del municipio, las participaciones federales, y los ingresos derivados de la prestación de servicios públicos a su cargo con lo cualcomo se advierte el municipio adquiere autonomía financiera a través de ingresos de carácter fiscal, que se establecen a través de cuerpos normativos como son leyes municipales, reglamentos administrativos, bandos municipales y convenios de colaboración fiscal[25]

II.4.-Concurrencia y la Coordinación Fiscal.

La concurrencia estriba cuando en la Federación en materia tributaria se origina en aquellas fuentes que pueden ser gravadas por la Federación como por los Estados, esta concurrencia se da en el ejercicio de la facultad conferida al Congreso de la Unión, en el artículo 73 fracción VII para imponer las contribuciones necesarias a cubrir el presupuesto y que ejercen también los estados miembros y si invocamos el inicio de la concurrencia, estaríamos hablando del artículo 40 Constitucional el cual establece lo siguiente: “Es voluntad del

---

24 Acosta Romero, Miguel, Teoría General del Derecho Administrativo, Ob. Cit. Pág. 658 a 696

25 Muro Ruiz, Eliseo, Algunos Elementos de Técnica Legislativa, Editorial UNAM, México 2007.

pueblo mexicano constituirse en una república representativa, democrática, federal, compuesta de Estados libres y soberanos en todo lo concerniente a su régimen interior; pero unidos en una Federación establecida según los principios de esta ley fundamental" y en este orden de ideas el fundamento del poder tributario estriba en la autonomía y soberanía interna de los estados, ya que en esa soberanía va implícito el ejercicio de la potestad tributaria, de tal manera que los elementos que no sean exclusivos de la Federación podrán ser gravados en forma concurrente por la Federación y por los Estados.

Como ya se señaló, anteriormente con el propósito de solucionar diversos problemas en materia de potestad y competencia tributarias entre Federación, Estados y Municipios, se emitió la Ley de Coordinación Fiscal, cuyo instrumento básico para su operación es el convenio de adhesión que celebran las partes para lograr sus propósitos, ahora bien partiendo del principio de legalidad que regula el Derecho Fiscal, en su doble aspecto sobre el establecimiento de las contribuciones y sobre la actuación de las autoridades en primer término tenemos que el artículo 31 fracción IV de la Constitución, establece que corresponde a los Mexicanos contribuir a los gastos públicos ya sea de la Federación, como de la Ciudad de México del Estado y Municipio en que residan de la manera proporcional y equitativa que dispongan las leyes, y en cuanto a la actuación o atribución del Municipio tenemos que en el artículo 115 fracción IV inciso a) en su párrafo segundo se establecen que el municipio podrá celebrar convenios con el Estado para que este se haga cargo de algunas de las funciones relacionadas con la administración de esas contribuciones, de lo que se desprende que el Municipio sólo está facultado a celebrar convenios con el Estado a que pertenece, más no con la Federación o con algún otro estado distinto al que le corresponda, por lo que al firmar los Municipios convenios de Coordinación con la Federación, transgreden este principio de legalidad que está contemplado en el artículo 16 Constitucional que señala que nadie podrá ser molestado en su persona papeles o posesiones sino en virtud de mandamiento escrito de la autoridad competente y en el presente caso la Federación resultaría incompetente para cobrar impuestos Municipales y a la inversa el Municipio resultaría incompetente para cobrar impuestos Federales, por tanto resulta inconstitucional la Ley de coordinación fiscal, al atribuir al Municipio más facultades que las que la propia constitución le confiere.

"*Dentro del municipio tenemos lo relativo a la hacienda municipal, en la cual el Presidente Municipal, por conducto de la dependencia que determine el Ayuntamiento, erogará los gastos de la Administración Municipal y demás obligaciones a su cargo, de conformidad con el Presupuesto de Egresos, por lo que ningún ingreso podrá recaudarse por los Municipios si no se encuentra previsto en la Ley de ingresos o en alguna disposición especial aprobada por el Congreso, salvo los provenientes de aquellos créditos cuya retención o cobro le sean encomendados por el Estado o la Federación; y en lo referente a la recaudación y administración de los ingresos municipales queda a cargo del Presidente Municipal por conducto de la Tesorería.*"[26]

El hecho de no contar con un poder tributario limita el crecimiento del municipio, imposibilitándole ejercer un sistema hacendario respetable ya que en materia financiera queda al arbitrio de las contribuciones de las legislaturas Estatales y las participaciones que le sean asignadas con base en el artículo 73 fracción XXIX que dice: "*El Congreso tiene facultad para establecer*

---

[26] Código Municipal, Centro Librero Juárez, Chihuahua, México Pág. 66

contribuciones: ... "Las entidades federativas participarán en el rendimiento deestas contribuciones especiales, en la proporción que la ley secundaria federal determine. Las legislaturas locales fijarán el porcentaje correspondiente a los Municipios, en sus ingresos por concepto de impuestos sobre energía eléctrica".

Por lo que la problemática para el municipio es que el hecho de que el maneje su hacienda libremente no le garantiza que sea suficiente para satisfacer sus necesidades.

Si bien es cierto que después de la reforma de 1982 al artículo 115 constitucional mejoró su situación financiera en algunos aspectos, esto no le ha garantizado el cumplir con todos los programas que se propone, a carta cabal, por lo que se acude a llevar a cabo obras de manera bipartita y tripartita con lo que ha podido llevar a cabo las obras que se ha propuesto, así como actualizar la Ley de Catastro, la Ley de bebidas alcohólicas y lo concerniente a los impuestosy contribuciones especiales y derechos municipales, como son:

a. Los espectáculos públicos
b. Los juegos, rifas y loterías permitidos por la ley
c. La propiedad y posesión inmobiliaria
d. La traslación de dominio de bienes inmuebles
e. La pavimentación de calles y demás áreas públicas
f. Cualquier otro concepto establecido en las disposiciones fiscales municipales, de acuerdo con los principios generales señalados en el Código Municipal y su Ley de Ingresos.

El artículo 115 fracción IV establece que "*Los Municipios administrarán libremente su hacienda, la cual se formará de los rendimientos de los bienes que les pertenezcan, así como de las contribuciones y otros ingresos que las legislaturas establezcan a su favor, y en todo caso:*

a. Percibirán las contribuciones incluyendo tasas adicionales, que establezcan los Estados sobre la propiedad inmobiliaria, de su fraccionamiento, divisiónconsolidación, traslación y mejora, así como las que tengan por base el cambio de valor de los inmuebles.

b. Los municipios podrán celebrar convenios con el Estado para que éste se haga cargo de algunas de las funciones relacionadas con la administración de esas contribuciones.

c. Las participaciones federales, que serán cubiertas por la Federación a los Municipios con arreglo a las bases, montos y plazos que anualmente se determinen por las legislaturas de los Estados.

d. Los ingresos derivados de la prestación de servicios públicos a su cargo".

II.5.-Reglas para la Competencia Tributaria entre la Federación y EntidadesFederativas.

La competencia tributaria es la facultad general y abstracta para la actuación de los órganos públicos en comento, que es derivada del poder del Estado y se encuentra sometida a un orden jurídico preestablecido y para realizar la aplicación establecida de la norma corresponde al Ejecutivo a través de la Secretaría de Hacienda y Crédito Público y en materia de administración de las contribuciones al Sistema de Administración Tributaria, la cual es el órgano desconcentrado de la SHCP.

II.5.1.-La Coordinación Fiscal:

Con el propósito de dar solución a la problemática que en materia de potestad y competencia tributaria entre Federación, estados y municipios y con el fin de fortalecer el pacto federal, se llevaron a cabo convenciones nacionales fiscales, así como reuniones nacionales de fiscalistas, estatales y federales, se logró su base en la Ley de Coordinación Fiscal, siendo publicada en, el Diario Oficial de la Federación.[27]

II.5.2.-Ventajas y desventajas de la Coordinación Fiscal.

Las ventajas que se obtuvieron al plasmar en la Ley de Coordinación Fiscal se pretenden:

a. Coordinar el sistema fiscal de la Federación, Estados y Municipios;
b. Organizar el Fondo General de Participaciones;
c. Fijar las participaciones a las entidades federativas;
d. Regular la forma de colaboración administrativa; y
e. Establecer organismos para el manejo de la coordinación.

La Coordinación fiscal entre la Federación y los estados, y con los municipios, se propiciaron las participaciones en el producto de las contribuciones federales, para lo cual se crean diferentes fondos, según la Ley de Coordinación Fiscal:

El Fondo General de Participaciones: Con el 20% de la recaudación federal, así como por los derechos sobre la extracción del petróleo y de minería; el 1% de la recaudación federal participable en el ejercicio, que corresponderá a las entidades federativa y los municipios cuando se coordinen en materia de derechos, el 80% del impuesto recaudado en 1989 por las entidades federativas, por concepto de las bases especiales de tributación; los accesorios de las Contribuciones y 50% de los

---

[27] Diario Oficial de la Federación, 27 de diciembre de 1978.

productos relacionados con la venta o arrendamiento o explotación de bienes o bosques.

El Fondo de Fomento Municipal: Con el 1% de la recaudación federal participable.

Los estados deberán entregar a sus municipios cuando menos 20% del Fondo General de Participaciones y el Fondo Financiero Complementario.

En relación al Fondo de Fomento Municipal, los municipios lo perciben íntegramente.[28]

Las desventajas se refieren a que la incorporación al Sistema de Coordinación Fiscal, genera ciertas limitaciones a la potestad tributaria de los estados, principalmente en materia de derechos, ya que sólo podrán establecerlos en algunos casos de licencias, registros, uso de vía pública, e inspección y vigilancia.

III.- LA POLITICA FISCAL EN LA ETAPA POSTREVOLUCIONARIA

El modelo presupuestal del Estado, en su base estructural desde la época de la Constitución de Cádiz, aún se conserva, porque si bien ha evolucionado y perfeccionado, como se advierte actualmente en nuestra Constitución Política, en el artículo 31 fracción IV, vemos el mismo espíritu pero con la adecuación propia de la estructura política de México, ya que en forma medular se establece que son obligaciones de los mexicanos contribuir para los gastos públicos, así de la Federación, como de la ciudad de México o del Estado y Municipio en que residan, de la manera proporcional y equitativa que dispongan

[28] Código Municipal, Ob. Cit. Pág. 66.

las leyes y que estos se contienen en el presupuesto de Egresos de la federación y de cada uno de los Estados.

En donde si encontramos un cambio substancial es en las metas, que se establecen en cada periodo presidencial y la forma de recaudar los recursos para cumplir esas metas como lo veremos a continuación.

III.1. Periodo del Desarrollo Estabilizador 1925-1970

Ahora bien sobre las bases anteriores es que podemos analizar la evolución de la política económica del Estado Mexicano y podemos afirmar la existencia de los siguientes periodos a partir de la etapa postrevolucionaria, ya que una vez que se cimenta el sistema presidencialista a partir de Álvaro Obregón y Plutarco Elías Calles, y del inicio de la consolidación del poder se inicia también una etapa de estabilidad política, en la que destacan el cumplimiento de algunas de las exigencias nacidas en la Revolución como lo es el reparto agrario, la creación de BANRURAL y que con Lázaro Cárdenas consolida un periodo de política nacionalista, acorde a los principios y postulados que dieron origen a la revolución, en las que destaca la Nacionalización del Petróleo, que dejan las bases para que en los siguientes periodos presidenciales se desarrolle la industria bajo una visión estabilizadora en la que se advierte por una parte un gran apoyo y concentración de la inversión hacia la industria y por otra parte hacia el campo, siendo este subsidiado, al considerarse como el principal proveedor de materias primas para la industria, por lo que su desarrollo se condiciona al crecimiento de la industria que además tiene un importante auge debido al conflicto armado de la segunda guerra mundial, lo cual permitió a México crecer ante las necesidades bélicas. Referentes de esta política son los gobiernos de: Manuel Ávila Camacho (1940 – 1946), Miguel Alemán Valdés (1946 1952) y Adolfo Ruiz Cortines (1964 – 1970) y el último presidente que sigue esta política estabilizadora es Gustavo Díaz Ordaz (1964 – 1970).

En esta etapa tenemos que en 1925 el gobierno federal creó el Impuesto sobre la renta no sin enfrentar grandes resistencias de parte de varios grupos de empresarios. Por ese impuesto progresivo, México se colocaba en sintonía con las principales y más modernas economías del mundo (Gran Bretaña, Estados Unidos, Francia, Alemania).

Este movimiento mundial favorable a los impuestos directos y progresivos era parte de Un fenómeno más amplio, a saber, la ampliación de las funciones del Estado en la vida social en general. Una de las funciones estatales más novedosas y complicadas era el combate a la desigualdad social mediante políticas fiscales, tanto en materia de ingresos como de gasto. A la vuelta del siglo XX, había una conciencia cada vez más clara de que los viejos sistemas tributarios no aportaban suficientes recursos ni tampoco lo hacían de manera estable, ya que dependían de los impuestos al comercio exterior que variaban al compás de los precios internacionales. Además, eran profundamente regresivos. Si se quiere, el *income tax* era indicio de las nuevas relaciones entre la economía, las clases trabajadoras y empresariales y el aparato gubernamental, en este caso a través del sistema tributario. No menos importante era su contenido claramente reformista, frente al radicalismo comunista y a otros movimientos populares de gran fuerza a finales del siglo XIX y principios del XX. Según algunos, el mejor antídoto contra movimientos como el de la Comuna de París era el *income tax,* como se afirmaba en Prusia en 1874[29]. Por esas caracte-

29 Apud Jèzt, *Las finanzas,* pág. 145. Citado por Urquidi, Víctor L, Luis Aboites, Mónica Unda Gutiérrez Obras escogidas de *Víctor L Urquidi,_El fracaso de la reforma fiscal de 1961: artículos publicados y documentos del archivo de Víctor L. Urquidi en torno a la*

rísticas, el *income tax* gozaba de gran popularidad en el mundo occidental, según argumentaba en 1924 el fiscalista francés Jéze. La modernidad occidental, reflejada en el movimiento general hacia el *income tax*, era traducida en México en voz de Eduardo Bustamante, un joven abogado, quien en 1926 afirmaba que de lo único revolucionario que podía presumir el gobierno posrevolucionario era de haber creado el *income tax*[30]La crisis mundial de 1929 y la Gran Depresión confirmaron y dieron mayor vigor todavía a las voces que reclamaban la ampliación de la intervención estatal en la economía. En México además el cumplimiento de las demandas del movimiento de 1910 pasaba de manera ineludible e inequívoca por la ampliación del gasto público, según se aprecia por ejemplo en el Plan Sexenal de 1933.

Durante las décadas de 1940 y 1950 se vieron claros indicios de que el sistema tributario mexicano presentaba problemas, fundamentalmente porque los ingresos tributarios eran muy bajos, de hecho, se encontraban muy por debajo del nivel de otros países de similar desarrollo y estructura económica, como Cuba, Chile, Ecuador y Venezuela con 14%, 17%, 20% y 23% respectivamente de ingresos tributarios respecto al total.

En el periodo 1944-48 la captación por ingresos ordinarios con respecto al ingreso nacional fue del 6.6%. Sin embargo, durante este periodo el factor común fue el estancamiento de los ingresos tributarios respecto a los ingresos totales. Por lo tanto,

---

cuestión tributaria en México El colegio de México. https://muse.jhu.edu/book/74480

30 Bustamante, *El impuesto*, p. 11. Citado por Urquidi, Víctor L, Luis Aboites, Mónica Unda Gutiérrez Obras escogidas de *Víctor L Urquidi, El fracaso de la reforma fiscal de 1961: artículos publicados y documentos del archivo de Víctor L. Urquidi en torno a la cuestión tributaria en México* Ob. Cit.

se hizo necesario en los años de 1948 y 49 realizar diversas reformas fiscales, a fin de lograr mayor progresividad y equidad al sistema fiscal.} Entre las principales reformas adoptadas en este periodo se encuentran: Sustitución del impuesto del timbre por el de ingresos mercantiles. Modificaciones al impuesto sobre la renta Creación del impuesto sobre utilidades excedentes y de la sobretasa adicional del 15% sobre exportaciones.

Como resultado de las reformas, se logró que en 1952 los ingresos per cápita del gobierno federal fueran de $182 pesos, sin embargo, para el año siguiente estos se redujeron a $159 pesos. Los negocios con ingresos anuales entre $100 mil y $499 mil pesos pagaron en promedio 4.0% de sus ingresos en impuestos, las empresas entre $500 mil y $I millón pagaron 4.2% y las empresas con más de un millón de pesos pagaron el 8.6%. Este periodo se caracterizó por que los ingresos tributarios en su gran mayoría (78%) correspondían a impuestos indirectos, mientras que tan solo los impuestos directos representaron el 22%. Esto nos da una idea de lo poco equitativo de esta estructura fiscal, ya que los grupos de menores ingresos contribuyeron en gran medida a la carga fiscal vía impuestos indirectos.

Durante el periodo 1955-72, se pretendió adaptar el sistema impositivo de acuerdo a las necesidades de industrialización del país. Para tal efecto, se sustituyeron gran cantidad de impuestos sobre la producción y ventas por un impuesto sobre ingresos mercantiles, así como modificar el ISR, estableciendo cierto gravamen de acuerdo al ingreso total, sin importar su fuente, además se establecieron regímenes especiales sobre ciertos sectores.

III.2. La etapa de 1970 a 1982

El eclecticismo que caracterizó a la política económica seguida por México de 1970 a 1982 tuvo orígenes diversos. En su esencia, se trató de una combinación más bien espontánea y no planeada de keynesianismo, estructuralismo, proteccionismo, diversas versiones del marxismo y algo de teoría de la dependencia. Con acierto, Joseph Love ha visto que ese arreglo de enfoques fue resultado de un proceso evolutivo más o menos largo. Un proceso de pensamiento, debate y acción en América Latina en el cual siempre estuvo involucrado México con mayor o menor intensidad[31]

En la década siguiente se hacen reformas con una política económica de corte keynesiano que propone una mayor intervención estatal, para corregir los desequilibrios estructurales, con políticas que incrementan el gasto público y la oferta monetaria, políticas que se siguen en los dos mandatos presidenciales siguientes el de Luis Echeverría Álvarez (1970 – 1976) y el de José López Portillo (1976 – 1982) que recurren exageradamente al endeudamiento externo, sobre la base de las expectativas de los ingresos petroleros, política que genera fenómenos inflacionarios, mismos que al final del periodo se les atribuye también a la fuga de capitales, a través del sistema financiero privado, lo que motiva la nacionalización de la banca comercial en 1982, quedando está en manos del Gobierno Mexicano.

Entre los principales cambios realizados al sistema tributario durante el sexenio de Luis Echeverría se encuentran medidas que pretendían perfeccionar la integración de la base del ISR empresarial, así como la elevación de la tasa del ISR personal, gravando con 50% los ingresos anuales superiores a $150 mil pesos. Se elevó la tasa del Impuesto Federal sobre Ingresos mercantiles, se incrementó la tasa que afecta a los ingresos de Pemex y se creó un nuevo impuesto para el con-

---

31 Love, Joseph L. *"Economic ideas and ideologies in Latin America Since 1930"*, The Cambridge History of Latin America, vol. 6, Nº 1, L. Bethel (comp.), Cambridge, Cambridge University Press. 1994.

sumo de gasolina; así mismo se incrementó la tasa de los impuestos especiales.[32]

Al terminar 1976, México atravesaba por una grave crisis económica caracterizada por una espiral inflacionaria, un estancamiento en el crecimiento del producto, una deuda exterior voluminosa y creciente, una contracción de la inversión privada, un sector financiero en condiciones críticas, una moneda devaluada y con tipo de cambio inestable y una "pérdida de confianza" de amplios sectores de la población en la capacidad del Estado para conducir al país por vías económicas y políticas segura, Seis años antes, en 1970, la situación era justamente inversa: la economía mexicana era considerada como el ejemplo a imitar de una estrategia del sector externo, control de precios y crecimiento económico.

Para Carlos Tello, el curso de las principales variables económicas durante la administración del presidente Echeverría, toma su pleno sentido a la luz del enfrentamiento sostenido entre el Estado y la iniciativa privada[33]

Los años de 1972 y 1973 presencian lo que sería la tónica del sexenio de Echeverría: el sector privado recibe con alarma y rechazo las nuevas medidas del Estado, como las tendientes a regular la inversión extranjera o las dirigidas a establecer una mayor participación del Estado en la economía, y reduce fuertemente la inversión; el sector público adopta una política de recurrente aceleración y freno del gasto público. El resultado económico de esos dos años se resume en un mayor crecimiento, pero también en mayores desequilibrios comerciales y financieros, y en una inflación cada vez mayor, ha comenzado un

---

[32] Tello, Carlos *La política económica en México 1970-1976,* Siglo veintiuno editores, México 1979

[33] Ibídem

proceso de ajuste que promete poner fin a la estructura económica anquilosada que se heredó del "desarrollo estabilizador.

El gobierno del presidente Echeverría realiza desde sus inicios un ajuste de prioridades: se abandona la búsqueda del crecimiento industrial a toda costa y se opta por el aumento del empleo, la distribución del ingreso y la reducción de la dependencia externa. Para alcanzar estos objetivos, la única alternativa era la construcción de un sector público vigoroso que reorientara el rumbo del crecimiento económico y le diera un nuevo impulso.[34]

A fines de 1972 se inicia esta política. La coyuntura es desfavorable para el Estado: las condiciones políticas le impiden aplicar las necesarias reformas de fondo.

Para Carlos Tello la decisión más importante en materia económica del gobierno de Echeverría fue la de no combatir la inflación con recesión, medida que además permitió al Estado atender a sectores con urgentes necesidades y eliminar los cuellos de botella (en energéticos, petroquímica, siderurgia, y fertilizantes) que impedían la continuidad de la industrialización. Además, mediante el aumento de la participación del Estado en la economía, quedaron sentadas las bases para un crecimiento posterior más sólido. Sin embargo, esta política estuvo obstaculizada principalmente, a juicio de Tello, por el mal manejo de la política de ingresos del sector público tanto tributarios como de precios y tarifas; por la política monetaria restrictiva, seguida a todo lo largo del período, que impidió vigorizar el gasto público, y por la innecesaria defensa del tipo de cambio.[35]

---

34 Peña Alfaro Ricardo *La política económica mexicana* 1970-1976. Ensayo de interpretación bibliográfica Revista Nexos 1979 1 abril https://www.nexos.com.mx/?p=3321

35 Tello Carlos Ob. Cit.

El periodo que media entre enero de 1974 y agosto de 1976 establece los prolegómenos del desenlace. Además de la necesidad de continuar con el ajuste estructural de la economía, las condiciones coyunturales, caracterizadas en lo externo por una profunda recesión económica y fuertes presiones inflacionarias, y en lo interno por una retracción de la inversión privada, obligan al Estado a participar activamente en la economía, con el objeto de promover la inversión productiva y la producción de bienes básicos. El instrumento utilizado es nuevamente la expansión del gasto público en 1974 y 1975. Sin embargo, a lo largo de todo este período, las contradicciones económicas se siguen agudizando, y el sector privado arrecia sus críticas al Gobierno. El 31 de agosto de 1976 sobreviene la devaluación, a la que siguió el desconcierto y la "pérdida de confianza".

En el sexenio del presidente López Portillo con una crisis económica y una devaluación no conocida en México, realiza una segunda ronda de reformas tributarias, cuyo principal objetivo fue combatir los efectos distributivos adversos de la inflación, además de reducir las distorsiones implicadas por el efecto cascada del impuesto sobre ingresos mercantiles.

De acuerdo con Tello, las principales reformas de esta época fueron: Impuesto Sobre La Renta: Revisión del esquema impositivo para corregir en el impuesto sobre la renta de personas fiscales los efectos de la inflación y algunos de sus sesgos regresivos pertenecientes a la reforma anterior. Revisión de los impuestos sobre ganancias de capital, reconociendo su carácter no recuperable y gravando sólo su impacto sobre el ingreso permanente.

De igual forma, se ajustaron el valor y las reinversiones en activos para tener en consideración los aumentos generales en precios. Impuesto Sobre Ventas: Introducción del Impuesto al Valor Agregado y eliminación del Impuesto sobre Ventas.

En términos macroeconómicos el modelo planteado en el Plan Nacional de Desarrollo expedido en 1980 implicaba cinco grandes objetivos: 1) crecimiento económico más rápido que en el desarrollo estabilizador, 2) control de la inflación, 3) tipo de cambio fijo, 4) elevación de los salarios y 5) equilibrio de la balanza de pagos.

El presidente José López Portillo que su sexenio señalo que sería el de la planificación económica. Así emite el Plan Nacional Industrial que se dio a conocer a principios de 1979 y el Plan Global de Desarrollo vio la luz pública en abril de 1980. En el primero de ellos, la predicción del crecimiento del PIB real para 1982 fue de 10.6%,[36] mientras que en el plan global el crecimiento promedio del PIB real para los últimos tres años del sexenio se estimó en 8% anual.[37] Pero en el sexenio que iba a ser el de la planificación, los planes fracasaron de manera estrepitosa. Mientras que en los hechos y con la economía ya probablemente sobrecalentada- el crecimiento del PIB real llegó hasta 9.2% en 1979 y quedó por arriba de 8% en los dos años siguientes, en 1982 la economía se desplomó hasta experimentar contracción. En la secuencia de causalidades que desembocaron en el desplome, el elemento primigenio de los problemas fue el gasto público. De acuerdo con el Plan Global de Desarrollo, este agregado debería crecer, en la segunda parte del sexenio, a 14% anual.[38] Una expansión tan acelerada de ese agregado dio lugar en el segundo círculo concéntrico de causalidades a un déficit fiscal creciente. A continuación, el déficit fiscal en ampliación continua tuvo dos consecuencias

---

36 Secretaría de Patrimonio y Fomento Industrial, *Plan nacional de desarrollo industrial, 1979-1982,* México, s. e., 1979.

37 Secretaría de Programación y Presupuesto, *Plan global de desarrollo 1980-1982,* México, s. e., 1980

38 Ibídem

principales: en el frente interno, una ampliación muy rápida de la liquidez en la economía provocó una inflación también creciente, a pesar de que hasta principios de 1982 el tipo de cambio fijo actuó como ancla en el sistema de precios; en el frente externo, el déficit en la cuenta corriente de la balanza de pagos que había que financiar.

Los problemas que se suscitaron en la balanza de pagos se iniciaron con un crecimiento incontrolado de las importaciones. Estas tuvieron como motor el expansionismo fiscal y monetario característico de la época. Crecían sin freno las importaciones y con ellas el déficit en la cuenta corriente. El otro factor desequilibrante fue el de las fugas de capital. Con un tipo de cambio nominal fijo y un tipo de cambio real en depreciación continua, pronto el peso mexicano entró en una espiral muy visible de sobrevaluación. En ese contexto, el endeudamiento externo que se produjo en el periodo respondió a dos motivos: el primero, y a lo largo de todo el sexenio, a la necesidad de financiar el déficit en la cuenta corriente. El segundo, cuya fuerza se intensificó a medida que pasó el tiempo y se hizo más marcada la sobrevaluación, a la necesidad de financiar las fugas de capital, pues el presidente se negaba a modificar el tipo de cambio nominal. "Presidente que devalúa, se devalúa", declaró alguna vez López Portillo.

En los años de gran expansión del sexenio de López Portillo -de 1977 a 1981-, el gasto público pasó, en términos reales (a precios de 1980), de 605 300 000 a 1 078 millones 200 000 pesos, con una tasa de crecimiento anual en ese periodo de casi 12%. Como proporción del PIB, ese indicador avanzó de 17.7% en 1977, a 22.2% en 1981, para cerrar el sexenio en 20.3%. Como consecuencia, el déficit fiscal también medido como proporción del PIB se incrementó de 4.9% en 1977, a 12.3% en 1981, para llegar hasta 14.7% en 1982. Por su parte, la deuda externa pública, según datos de la balanza de pagos, se incrementó en el sexenio de 20 300 a 60 300 millones de dólares. En lo que hace a los indicadores monetarios, de 1977 a 1981 el saldo de billetes y monedas en poder del público pasó, en términos reales, de 130 300 a 178 400 billones de pesos. El inmenso potencial inflacionario de esa expansión monetaria desembocó inexorablemente en inflación. Así, en el sexenio de López Portillo la inflación anual pasó de 16.2% en 1978, a 29% en 1981, para llegar hasta casi 100% en 1982.[39]

Hacia el penúltimo año del sexenio lopez-portillista, el dólar ya estaba muy barato, pero a finales de sexenio el tipo de cambio llego incluso a 100 pesos por dólar, lo que dio lugar a la fuga de capitales, a juicio de Tello, tres fueron los factores causales de "*la salvaje especulación y fuga de capitales*"[40] que se materializó hacia el último bienio de la presidencia de José López Portillo. El primero había sido "la política de irrestricta libertad cambiaria" que permitía que tuviese lugar "la especulación contra el peso". Por supuesto, el segundo, y elemento acelerador, había sido la presencia de la banca privada, "altamente especulativa", la cual había instrumentado e incluso aconsejado y auspiciado la fuga de capitales. El tercero, que cerró la pinza cancelando supuestamente toda posibilidad de solución, fue "la falta de acción de las autoridades" para impedir las prácticas especulativas mediante la utilización de "instrumentos de política económica idóneos, aunque desde luego no ortodoxos". En otras palabras, la renuencia a "no variar la política de la libre convertibilidad de la moneda" mediante la implantación de un control integral de cambios.[41]

---

39 Mancera Aguayo, Miguel, *Inconveniencia del control de cambios,* México, Banco de México, 1982.

40 Tello Carlos Ob. Cit.

41 Tello Carlos *La nacionalización de la banca en México,* México, Siglo XXI, 1984.

Factores que son muy discutibles lo cierto es que la sobrevaluación del peso" y, además, que con el paso de los meses se hubiera agudizado "gradualmente la desconfianza [del público] sobre el tipo de cambio", pero que no asociara causalmente esos fenómenos con la especulación y con la fuga de capitales. Si la situación prevaleciente en 1981 y 1982 había exacerbado "la ambición desmedida de los especuladores", por la diferencia que se dio, de manera ininterrumpida desde 1977, entre "la tasa de inflación estadunidense y la mexicana" y que, conjugada con el esquema de tipo de cambio fijo, había desembocado en una muy marcada "sobrevaluación del peso frente al dólar", esa y no otra había sido la causa principal para las fugas de capital.

III.3 El Modelo Neoliberal de 1983 a 2014

Ahora bien ante la crisis inflacionaria que dejan los Gobiernos de Luis Echeverría, Álvarez y de José López Portillo, debido al excesivo endeudamiento en que incurrieron, al llegar a su mandato Constitucional Miguel de la Madrid Hurtado, hace un cambio estructural en el modelo de la economía mexicana, adaptando un modelo de tipo neoliberal con el que se pretendió rechazar las políticas económicas de corte keynesiano, que en contraste, recomiendan reducir el déficit público y reducir la oferta monetaria, en este periodo se fijan topes a las tasas de interés, ya que el financiamiento inflacionario del déficit público reprime el desarrollo de los mercados financieros, dando origen a una asignación deficiente de los recursos productivos, para este modelo, el desarrollo de mercados financieros es un prerrequisito del desarrollo económico, pues un mercado financiero evolucionado incrementa la propensión a ahorrar de la población y canaliza los recursos a usos más productivos, siguiendo esta línea tenemos a: Miguel de la Madrid Hurtado (1982 – 1988) en cuyo mandato se incrementan los recursos vía venta de Paraestatales, el retiro de subsidios, la racionalización de las actividades públicas, el recorte de personal, y restaura el sistema bancario en manos de la iniciativa privada[42]. En ese entorno Carlos Salinas De Gortari (1988-1994.) Tiene como principal preocupación contener la inflación sobre la base de los acuerdos del Pacto para la Estabilidad y el Crecimiento Económico.[43] Se incrementa la venta de las empresas paraestatales, se firma el tratado de libre comercio con Canadá y Estados Unidos. En el siguiente periodo Ernesto Cedillo Ponce De León (1995-2000) Siguiendo la política Neoliberal, pero haciendo un cambio en su visión política con un sentimiento más federalista,[44] con el desplome de los precios internacionales del petróleo, a partir del primer semestre de 1997, capta recursos importantes a través de la desincorporación de entidades públicas su visión de gobierno se fija en el Plan Nacional de Desarrollo 1995- 2000 y como consecuencia de la disminución de los ingresos petroleros, el gasto público se ajustó en tres ocasiones al nivel de recursos disponibles, derivados de los impuestos y los ingresos no tributarios del petróleo y de los Organismos y Empresas públicas[45]. Durante la administración de Zedillo el gasto público tuvo una orientación prioritaria hacia el desarrollo social y a la inversión en sectores estratégicos. Así, el gasto se concentraba en los sectores salud, educación, vivienda y combate a la pobreza. Sin embargo, los resultados de

---

42 Serra Puche Jaime, Política Fiscal en México: Un Enfoque de Equilibrio

43 Secretaría de Hacienda Y Crédito Público, Adecuaciones Fiscales 1988

44 Secretaría de Hacienda y Crédito Público Criterios Generales de Política Económica 1995-2000.

45 Ver Política Fiscal – Tendencias del Sistema Tributario Mexicano del Centro de Estudios de las Finanzas Públicas H. Cámara de Diputados LX Legislatura febrero de 2007 www.cefp.gob.mx elaborado tomando como Fuente: la base en datos de Cuenta de la Hacienda Pública Federal 1995–2005 y Ley de Ingresos 2006.

la aplicación de los recursos no son satisfactorios ya que a esa época se estimaba que existían casi 60 millones de mexicanos pobres, de los cuales 40 millones de habitantes se encontraban en pobreza extrema, según datos del investigador social Julio Boltvinick[46]. Al termino de este periodo asume la presidencia Vicente Fox Quezada (2000–2006) quien siguiendo la política neoliberal durante su mandato aplica una política procíclica que se caracteriza por el freno y arranque de la inversión pública, así primeros tres años del gobierno de Fox contribuyeron a la pérdida de competitividad de la economía mexicana frente al resto del mundo,[47] que puede observarse a través del índice del tipo de cambio real del peso mexicano[48]; con excepción de 2001, cuando los ingresos petroleros fueron inferiores en 6 mil 317.5 millones de pesos a los estimados en la Ley de Ingresos de ese año, durante el resto de su administración los ingresos petroleros fueron por encima de los estimados y para tener un mayor control de los ingresos excedentes se crea el Fondo para la Estabilización de los Ingresos Petroleros (FEIP), cuya finalidad es generar una reserva que permita enfrentar posibles contingencias presupuestarias ocasionadas por una caída en los precios del petróleo, en la plataforma de producción o en el tipo de cambio, que pudieran dar origen a recortes presupuestarios. Finalmente, los ingresos provenientes de organismos y empresas prácticamente permanecieron constantes en el periodo 2000 – 2006[49].

---

[46] Boltvinik, Julio. El Financiero, sección de economía. noviembre de 2009.

[47] Véase Informe Anual Banco de México 2003, págs. 53 y 54

[48] Fuente: Presidencia de la República, sexto informe de Gobierno p. 370

[49] Ver Política Fiscal – Tendencias del Sistema Tributario Mexicano del Centro de Estudios de las Finanzas Públicas H. Cámara de Diputados LX Legislatura febrero de 2007 www.cefp.gob.mx ela-

Entre los resultados negativos de la evolución de la economía nacional durante estos primeros años de políticas Neoliberales se encuentra el aumento de la desigualdad económico-social del país, ello se expresa en el hecho de que en 2005 el ingreso corriente monetario del diez por ciento de la población más rica era 34 veces mayor que el del diez por ciento de la población más pobre; mientras que, en 1984, al inicio del proceso de globalización de México, dicha diferencia era de 24 veces. Entre el 2000 y 2005 la diferencia en cuestión pasó de 35.95 a 34.77 veces. La magnitud actual de la desigualdad en la distribución del ingreso se ilustra por el hecho de que, en 2005, el diez por ciento de la población más pobre concentraba solamente 1.11% del ingreso nacional, mientras que del diez por ciento de la población más rica concentraba 38.16%[50]. El resultado de esto ha traído una desintegración social interna mayúscula en donde se han ahondado las desigualdades sociales: según INEGI, en 2005 el 70% de la población se quedó con el 35.8% del ingreso nacional, en tanto que el 30% se agenció el 64.2%. Esta excesiva concentración del ingreso trajo como consecuencia una "deuda social" cada vez mayor. Se sabe que casi 50% de la gente vivía en esa época en la pobreza; de ellos, más de la mitad lo hacía con menos de dos dólares al día. Hasta el 2000, el 60% de la población podía adquirir la llamada canasta básica; en 2005, sólo el 50% puede hacerlo (INEGI, 2006)[51]. Situación que no cambio con Felipe Calderón Hinojo-

---

borado tomando como Fuente: la base en datos de Cuenta de la Hacienda Pública Federal 1995–2005 y Ley de Ingresos 2006.

50 Véase Instituto Nacional de Geografía y Estadística, Encuesta Nacional de Ingresos y Gastos de los Hogares, ENIGH, 1984, 2000, 2002, 2004 y 2005.

51 Ver Centro de Estudios de Finanzas Pública, *Ley de Ingresos y Miscelánea Fiscal 2007.* Dictamen aprobado por el Congreso, página electrónica de la Cámara de Diputados, México, diciembre 22 de

sa (2006-2012). Durante este periodo su visión de gobierno, se establece en el Plan Nacional de Desarrollo, en el cual fija las siguientes estrategias: Mejorar la administración tributaria fomentando el cumplimiento equitativo en el pago de impuestos y reduciendo la evasión fiscal; Establecer una estructura tributaria eficiente, equitativa y promotora de la competitividad, permitiendo encontrar fuentes alternativas de ingresos, así como hacer frente a las necesidades de gasto en desarrollo social y económico que tiene el país; Garantizar una mayor transparencia y rendición de cuentas del gasto público para asegurar que los recursos se utilicen de forma eficiente, así como para destinar más recursos al desarrollo social y económico; Restablecer sobre bases más firmes la relación fiscal entre el Gobierno Federal y las entidades federativas; Administrar de forma responsable la deuda pública para consolidar la estabilidad macroeconómica, reducir el costo financiero y promover el desarrollo de los mercados financieros.[52] En el ámbito microeconómico tenemos que según las cifras del Instituto Mexicano del Seguro Social (IMSS) tan solo se generaron entre noviembre de 2006 a octubre de 2012 un total de 2.2 millones de empleos formales (15.6%) en tanto que se aprecia una variación marginal del número de patrones inscritos (2.6%) correspondientes a 21,643. Según INEGI, pese al incremento de la Población Económicamente Activa (PEA) (15.6%), el número de personas ocupa-

---

2006. Centro de Estudios de Finanzas Públicas de la Cámara de Diputados, *Página electrónica,* marzo de 2007. Consejo Nacional Agropecuario, *Compendio estadístico del sector agroalimentario: 1994-2004,* CNA, México, 2005. Fox, Vicente, *Anexo estadístico del Sexto Informe de Gobierno,* Presidencia de la República, México, 2006. INEGI, *Encuesta nacional de ingresos y gastos de los hogares 2005.* INEGI, México, 2006.

52 Presidencia de la Republica, *Plan Nacional de Desarrollo* https://paot.org.mx/centro/programas/federal/07/pnd07-12.pdf

das únicamente creció 13.7% (5, 886,111 mexicanos) en tanto que la desocupada incrementó 65.3%. Dicha situación refleja la problemática del país para generar el número suficientes de empleos. Además, se aprecia un incremento considerable de las personas con menores percepciones: hasta un salario mínimo (21,5%), entre 1 y 2 salarios mínimos (29.2%), entre 2 y 3 salarios mínimos (11.8%) y no recibe ingresos (8.3%). En contrasentido se observa una disminución de la población con mayores ingresos: entre 3 y 5 salarios (-5.9%) y más de 5 salarios mínimos (-25.0%). A pesar del implemento del programa de salud universal, el número de trabajadores con acceso a la salud incrementó 8% (1, 257,393) en tanto que los que no cuentan con dicha prestación ascendieron a 31, 461,707 de mexicanos, es decir, 17.1% más con respecto al cuarto trimestre de 2006. Un aspecto similar ocurre con el caso de las prestaciones. Los trabajadores que cuentan con ellas crecieron únicamente 10.3% en tanto que los que no las reciben aumentaron en 20.7%. Se advierte un deterioro del mercado laboral como consecuencia del incremento del 15.4% de personas sin contrato escrito (14, 820,999 en el tercer trimestre de 2012) y 18.9% con contrato temporal. En este sentido, es cuestionable el efecto que la flexibilización del mercado de trabajo, a raíz de la reforma laboral, contribuya a la generación de empleos de calidad y conlleve una mejora de la situación actual. El número de micro negocios sin establecimiento aumentó 20.0% y con establecimiento 10.5%. Dicha situación se ve reflejada en un crecimiento de la informalidad (24.7%) aspecto que implica la escasa generación de valor agregado y la problemática productiva del país.

En conclusión entre 2006 y 2010 la medición de la pobreza por ingresos refleja un incremento de 26.8%, lo cual se traduce en 12.2 millones de mexicanos (MDM) más que enfrentan esta situación y que con base a los resultados hasta esa fecha obtenidos según las estimaciones del CIEN se proyectaba que para 2012 finalizara el año con 60 MDM en pobreza lo que reflejaría un incremento de 14.4 millones adicionales en el sexenio.[53] Y es con este escenario es el que comienza el sexenio de Enrique Peña Nieto.

III.4.-La Reforma Fiscal Neoliberal de 2014 a 2020

La secretaria de Hacienda señalo que el objetivo final de las políticas seguidas por la administración consistieron en incrementar el nivel de vida de todas las familias del país, pero poniendo especial énfasis en los más necesitados y que para ello, se requería adoptar medidas que aumenten la capacidad de crecimiento de la economía, así como crear mecanismos de protección social que garanticen niveles mínimos de bienestar a todos los mexicanos y que esto depende de la productividad de sus factores productivos, y que por tanto la Reforma Hacendaria tenía como objetivos fundamentales el garantizar una red de protección social para toda la población, así como promover el crecimiento y la estabilidad económica y que su diseño estaba basado en un diagnóstico sobre las características centrales del sistema hacendario y de seguridad social del país.

Por lo que se señaló que los objetivos centrales de la Reforma Hacendaria eran los siguientes: Fortalecer la responsabilidad hacendaria: establecer una regla de balance estructural para las finanzas públicas, que convierta la responsabilidad fiscal en una política de Estado; Aumentar la capacidad financiera del Estado, aumentando la disponibilidad de recursos para

[53] Ver Consejo Nacional de Evaluación de la Política de Desarrollo Social (CONEVAL) *Medición y Análisis de la Pobreza en México* Memorias del CONEVAL 2006-2018, México 2019
. https://www.coneval.org.mx/InformesPublicaciones/Documents/Memorias/Medicion-y-analisis-de-la-pobreza.pdf

que el Estado pueda atender las necesidades prioritarias de la población; Mejorar la equidad para garantizar que paguen más los que más tienen, elimina privilegios, estableciendo impuestos para alcanzar un sistema más justo, progresivo y equitativo; Facilitar el cumplimiento de las obligaciones fiscales, simplificando el pago de impuestos; Promover la formalidad para lo cual se crea un régimen especial para facilitar que las personas ingresen a la formalidad, y con ello cada vez más mexicanos cumplan con sus obligaciones fiscales; Promover el federalismo mediante incentivos para aumentar la recaudación de los estados y municipios y fortalecer las haciendas públicas locales; Reforzar el Sistema de Seguridad Social garantizando un ingreso mínimo a todos los mexicanos mayores de 65 años y creando un seguro para apoyar el ingreso de los trabajadores que pierdan su empleo. Para la determinación de estas metas la secretaria de Hacienda señalo que tomo en cuenta que la capacidad financiera del Estado Mexicano para atender las necesidades prioritarias de la población ha sido reducida. Ello se refleja en un nivel relativamente bajo del gasto que realiza el gobierno,[54] y que lo anterior se ha traducido en niveles de gasto que no son suficientes para cubrir las necesidades de la población en áreas estratégicas, como la seguridad social, salud, inversión en infraestructura, investigación, desarrollo, y seguridad pública, lo que impacta negativamente sobre el bienestar de las familias y la capacidad de crecimiento de largo plazo de la economía.

Que, entre otras carencias, el país no cuenta con una red de seguridad social que garantice un piso de bienestar a to-

---

54 Mientras que en México el gasto público total representa 18.8 por ciento del PIB, el promedio para los países de América Latina y de la Organización para la Cooperación y el Desarrollo Económico (OCDE) es de 27.1 y 46.5 por ciento del PIB, respectivamente.

dos los mexicanos[55]. Que México no cuenta con un programa de seguro de desempleo, siendo el único miembro de la OCDE que no lo tiene.

Así mismo que la limitada capacidad de gasto del gobierno es consecuencia del nivel reducido de los ingresos públicos en el país, pues toda erogación requiere de una fuente de financiamiento permanente para ser sostenible.[56]

Que el nivel reducido de los ingresos tributarios en México durante los últimos años es resultado de una baja recaudación en los principales impuestos al ingreso y el consumo[57].

---

55 De acuerdo con el Consejo Nacional de Evaluación de la Política de Desarrollo Social (CONEVAL), el 61.2 por ciento de los mexicanos (71.8 millones de personas) carecen de acceso a la seguridad social, el 48 por ciento de la población económicamente activa mayor de 16 años nunca ha cotizado en la seguridad social, y el 52 por ciento de la población ocupada y asalariada no tiene cuenta del Sistema de Ahorro para el Retiro el 66.3 por ciento de los adultos mayores de 65 años nunca ha cotizado en los sistemas de seguridad social, y el 37.6 por ciento de ellos no recibe ningún tipo de pensión o jubilación.

56 Mientras los ingresos tributarios en México durante los últimos años han sido del orden de 10.7 por ciento del PIB (incluyendo la recaudación de gobiernos locales), los países de América Latina y de la OCDE cuentan con ingresos tributarios de 15.5 y 23.1 por ciento del PIB en promedio, respectivamente. Los niveles más elevados de ingresos públicos en esos países les otorgan mayor capacidad para realizar erogaciones en áreas con alto impacto social y de desarrollo

57 Por concepto del Impuesto Sobre la Renta (ISR) nuestro país recauda el 5.2 por ciento del PIB2, mientras para el promedio de los países de la OCDE dicha recaudación es de alrededor de 12 por ciento del PIB. Los ingresos provenientes del Impuesto al

Además, en nuestro país la desigualdad en la distribución del ingreso es sumamente elevada[58] y que aunado a lo anterior el sistema fiscal mexicano se ha caracterizado por tener una capacidad muy reducida para reducir la desigualdad en la distribución del ingreso[59].

Otro de los rasgos del sistema tributario mexicano de los últimos años ha sido que el cumplimiento de las obligaciones fiscales puede llegar a costar una cantidad importante de recursos de las personas y empresas,[60] además del tiempo, las empresas tienen que destinar recursos financieros a la contra-

---

Valor Agregado (IVA) son de 3.7 por ciento del PIB en nuestro país, mientras que para los principales países de América Latina la recaudación es de 6.5 por ciento del PIB, y para los países miembros de la OCDE, en promedio, es de 6.6 por ciento del PIB.

58 El índice de Gini tiene un valor de 0.47, cifra 38 por ciento mayor al promedio de los países miembros de la OCDE. El índice de Gini es un estadístico utilizado para medir la desigualdad del ingreso. El índice puede tomar valores entre cero y uno, donde cero corresponde a la perfecta igualdad (todos los individuos tienen el mismo ingreso), y uno corresponde a una sociedad con desigualdad máxima (una persona tiene todos los ingresos de la sociedad).

59 La reducción de la desigualdad antes y después de impuestos y transferencias gubernamentales ha sido menor en México que en la gran mayoría de las economías desarrolladas, y también que, en países con niveles similares de desarrollo, como Chile y Turquía. Por ejemplo, para el promedio de la OCDE el índice de Gini es 0.12 puntos menor al considerar impuestos y transferencias, mientras que en nuestro país la política fiscal únicamente reducía el índice de Gini en 0.02 puntos, lo que representa una reducción de solo 4 por ciento.

60 De acuerdo al Banco Mundial, en 2013 las empresas en México dedicaban al año 334 horas al cumplimiento de las obligaciones tributarias. Ello ubicó al país en el lugar 107, de entre 185 economías evaluadas.

tación de especialistas en la materia y dichos recursos podrían ser utilizados para fines productivos, con lo que se incrementaría la productividad de la economía y, en última instancia, el bienestar de la población y afirma la Secretaria de Hacienda que este es un factor que contribuye a explicar que las empresas de menor tamaño sean más propensas a ser informales[61]. Y que, por lo tanto, la simplificación administrativa es un factor clave para acelerar la formalización de la economía y el crecimiento de las micro y pequeñas empresas.

Pone el dedo en la llaga sobre una realidad que no es posible ocultar al reconocer que la informalidad es uno de los problemas más relevantes de la economía mexicana la cual está íntimamente ligada a la productividad[62] y señala que, además, la informalidad impide una protección social plena de la población, por lo que reduce su calidad de vida e incrementa su vulnerabilidad frente a eventos adversos como el desempleo, las enfermedades o los accidentes.

Finalmente señala la Secretaria de Hacienda que la recaudación de los gobiernos locales ha sido muy limitada que México es uno de los países con menor nivel de recaudación subnacional de la OCDE: ésta representa el 0.7 por ciento del PIB, mientras que el promedio en países con una estructura fiscal comparable en dicha Organización es del 9.1 por ciento del PIB.6 Por ejemplo, México es el país de la OCDE con el menor

---

61 Información del Instituto Nacional de Estadística Geografía e Informática (INEGI) indica que dos de cada tres trabajadores informales laboran en empresas con menos de cinco trabajadores, y que las empresas con menos de 10 empleados concentran alrededor del 60 por ciento del empleo total de la economía.

62 De acuerdo a información del INEGI, la productividad laboral en el sector informal de la economía es 45 por ciento más baja que en el sector formal.

nivel de ingresos por el impuesto predial, el cual representa sólo el 0.2 por ciento del PIB nacional, mientras que el promedio recaudatorio para dicha Organización es de 1.1 por ciento del PIB. Ello es consecuencia, entre otros factores, de la falta de incentivos para fortalecer la recaudación de impuestos y el cobro de derechos en los estados y municipios.

Para superar estas deficiencias una de las metas es el Fortalecimiento de la Red de Seguridad Social a fin de incrementar la capacidad para atender las necesidades prioritarias de la población, particularmente la de menores recursos, se propone la creación de una pensión universal para adultos mayores Universal para que al cumplir 65 años de edad reciban desde un nivel inicial de 580 pesos por mes hasta 1,092 pesos mensuales actualizados por inflación. También se pretende crear un seguro para el desempleo al cual podrán acceder al seguro de desempleo todos aquellos trabajadores del sector privado formal –permanentes o eventuales– independientemente de la situación que haya originado el episodio de desempleo (despido o renuncia). El cual como puede observarse deja fuera a los trabajadores al Servicio del Estado, así como a los trabajadores informales y los trabajadores independientes ya que será financiado mediante un Fondo Solidario, constituido por el Gobierno de la República con una aportación mensual equivalente al 0.5 por ciento del Sueldo Sujeto a Cotización de los trabajadores, así como a través de la reorganización del ahorro previsional de estos últimos, sustituyéndose la posibilidad actual de usar la subcuenta de retiro en caso de desempleo por una subcuenta mixta financiada con 3 puntos porcentuales de las aportaciones patronales para la vivienda, cuyos recursos se mantienen como propiedad del trabajador y pueden utilizarse para vivienda, desempleo o retiro. Esta prestación tendrá una duración de un máximo de seis meses cada 5 años y será decreciente conforme avance el período de desempleo.

Para el logro de las metas fijadas en la reforma fiscal otro instrumento es la Política Fiscal Contra-Cíclica y para ello se propone el uso del déficit público en 2014 para evitar afectaciones al gasto público ante el impacto de la desaceleración temporal de la actividad económica sobre la trayectoria de mediano plazo de la producción de la economía y el consecuente efecto en los ingresos públicos. Y refiere textualmente que "*El déficit público sin inversión de PEMEX en 2014 se ubicará en 1.5 por ciento del PIB, y se reducirá gradualmente hasta regresar al equilibrio en 2017. El déficit público total (incluyendo la inversión de Pemex) se reducirá de 3.5 por ciento del PIB en el 2014 a 2.0 por ciento en el 2017, monto que permitirá mantener la deuda amplia del sector público en niveles moderados, particularmente en comparación con otras economías, y reducirla en la segunda parte de la presente administración. Lo anterior otorga un impulso a la actividad productiva de manera contra cíclica.*"..."Para ello se establece una regla de balance estructural.[63]" "*Esta regla funcionará de la siguiente manera: (1) cuando el PIB se encuentra cerca de su nivel de tendencia, la regla funciona con un objetivo de balance cero, como anteriormente; (2) cuando el PIB crece por debajo de su tendencia la regla también funciona como lo hacía antes, permitiendo un déficit y estableciendo ex-ante la ruta para retornar al objetivo de balance largo plazo; y (3) cuando el PIB crece por encima de su tendencia, la regla modificada añade un techo de gasto corriente para generar ahorro, mejorar el balance e incrementar la calidad del gasto.*"

Otra herramienta son las modificaciones a los Impuestos al Consumo y al Ingreso, Cambios para Fortalecer el IVA que

---

63 El marco legal anterior establecía una regla de balance permanente con una cláusula de excepción, que permitía incurrir en déficit en periodos de reducción de la actividad económica, pero no incluía una obligación vinculante para generar superávit en épocas de bonanza. Con la reforma recién aprobada se ha fortalecido la regla anterior, añadiéndole un techo de gasto corriente para generar ahorro en la parte alta del ciclo económico y garantizar una mayor calidad del gasto público.

tuvieron como objetivo eliminar o acotar los regímenes excepcionales, la homologación de la tasa de frontera y la eliminación de la exención a las importaciones temporales, otras medidas son relativas a la simplificación y a fortalecer el ISR Empresarial la Reforma eliminó el Impuesto Empresarial a Tasa Única (IETU) y el Impuesto a los Depósitos en Efectivo (IDE), con lo cual se reduce a la mitad el número de cálculos que las empresas deben realizar. Adicionalmente, se creó una nueva Ley del Impuesto Sobre la Renta, que amplía la base de este impuesto y simplifica el pago de impuestos a los contribuyentes, al eliminar la mayoría de los regímenes preferenciales y de los tratamientos especiales. Así, la Reforma nos deja con un solo impuesto al ingreso corporativo, pero con el mismo poder recaudatorio que los tres impuestos que existían en el 2013 (el ISR, el IETU y el IDE). En otro renglón del ISR la Reforma propone limitar el porcentaje en que las remuneraciones exentas del trabajador son deducibles para el ISR pagado por las empresas y se Establecen medidas que Aumentan la Progresividad del ISR Personal orientados a los objetivos de ampliar la base de este impuesto e incrementar su progresividad. En México, en la mayoría de los casos se encontraban exentos del ISR los ingresos Personales por concepto de dividendos y de ganancias de capital por venta de acciones en bolsa. Estas exenciones favorecen a las personas de ingresos más altos[64].

---

[64] El 90 por ciento de los ingresos por ganancias de capital por enajenación de acciones en bolsa corresponden al decil más alto, y el 99 por ciento corresponden a los tres deciles más altos. Para el caso de los ingresos por distribución de dividendos, la distribución es incluso más desigual: el 99 por ciento de estos ingresos son obtenidos por el decil de ingresos más altos. Debido a que estos ingresos están concentrados en los deciles más altos, su exclusión de la base gravable del ISR personal debilita la progresividad del impuesto además de reducir su recaudación

Asimismo, la exención causa problemas de equidad horizontal y de fiscalización. Por otra parte, la Reforma establece un impuesto de 10 por ciento a los ingresos de las personas físicas por ganancias de capital en la venta de acciones y distribución de dividendos. Por motivos de simplicidad, estos ingresos recibirán un tratamiento cedular, es decir, se gravarán de forma separada a otro tipo de ingresos. Esta medida busca ampliar la base del ISR, incorporando un tipo de ingreso que se concentra en los grupos de población con mayores ingresos. Así, se fortalece la progresividad del sistema tributario y se garantiza una contribución justa de todos al pago de impuestos.

Como parte del esfuerzo para garantizar que contribuyan en mayor medida las personas que ganan más, la Reforma incrementa la tasa marginal del ISR para personas con ingresos elevados. Esta medida señala Hacienda protege a la clase media, y fortalece la progresividad. La nueva tasa afirma mejorarán la distribución de la carga fiscal en la medida en que los incrementos recaen en su totalidad en los contribuyentes de mayores ingresos.

A efecto de combatir la informalidad la cual reconoce es un fenómeno multidimensional relacionado a diversos factores estructurales que son de gran importancia para el desempeño de la actividad económica y el bienestar de la población, reconoce que una solución de fondo del problema requiere avances complementarios en diversos frentes, haciendo necesario garantizar que se utilicen todas las herramientas disponibles para conseguir esta meta. Ello incluye, de manera destacada, la utilización de las herramientas tributarias. Y para ello la Reforma creó el Régimen de Incorporación Fiscal (RIF), que sustituye al Régimen Intermedio y el de Pequeños Contribuyentes (REPECO), y que funcionará como un punto de entrada a la formalidad para las empresas y sus trabajadores. El nuevo régimen está diseñado para que participen en él las personas físicas con actividad empresarial con capacidad administrativa limitada. Por lo tanto, la participación será exclusiva a las personas físicas con ingresos de hasta 2 millones de pesos por año, como puede observarse no se contempla a los profesionistas y prestadores de servicios independientes y los comerciantes informales que por regla general venden productos de contrabando o que evaden el pago de derechos corporativos, como lo son patentes y nombres comerciales, o intelectuales como el derecho de autor.

En este Régimen para el cumplimiento de sus obligaciones fiscales los participantes tendrán acceso a una herramienta electrónica provista por el Sistema de Administración Tributaria (SAT), que no solo les simplificará mucho el trámite, sino que también les auxiliará en sus tareas de contabilidad.

Y finalmente se prevé la introducción de diversos impuestos especiales, buscando la internalización de los costos sociales que causan algunas conductas que afectan negativamente al medio ambiente, con el objeto de desincentivar dichas conductas. Específicamente se busca reducir las emisiones de bióxido de carbono, principal gas de efecto invernadero, así como el uso de plaguicidas que generan daños sobre el medio ambiente y la salud de los mexicanos. Así como para combatir el problema de obesidad y sobrepeso que se ha acentuado en México debido a la rapidez con que se ha expandido su incidencia, y al efecto negativo que ejerce sobre la salud de la población que las padece. Ya que el sobrepeso y la obesidad aumentan considerablemente el riesgo de padecer enfermedades crónicas, como la diabetes y la hipertensión arterial. Las enfermedades asociadas a estos padecimientos, por su magnitud y ritmo de crecimiento, actualmente representan una emergencia sanitaria para el país[65].

---

65 México es el segundo país de la OCDE con mayor prevalencia de obesidad entre adultos, al ubicarse ésta en 30 por ciento de la población adulta, mientras que el promedio de los países de la OCDE es de 22.2 por ciento. A escala mundial, la prevalencia en nuestro país

Una de las acciones más emblemáticas de la reforma fiscal de este periodo es la transformación de PEMEX y la Comisión Federal de Electricidad de empresas de participación estatal a empresas productivas estratégicas.

III.5.- El inicio del Gobierno de Andrés Manuel López Obrador

La política de ingresos para 2018 está orientada a proveer certeza para el adecuado desarrollo de la actividad económica, para un año en el que se anticipa que el entorno externo puede continuar generando incertidumbre. Por tanto, en 2018 reitera el compromiso de no plantear medidas que representen una mayor carga tributaria para las empresas y familias del país, con el objetivo de que los hogares y empresas puedan planear adecuadamente sus decisiones económicas, generando así condiciones propicias para incrementar el ahorro y la inversión.

En este contexto estiman ingresos presupuestarios por 4,735.0 mmp, un aumento de 165.3 mmp constantes de 2018 (3.6 por ciento real) respecto a la cifra aprobada en 2017. Esta evolución se explica principalmente por el crecimiento económico y un desempeño durante 2017 mejor al esperado, pues la Iniciativa de Ley de Ingresos de la Federación 2018 refrenda el compromiso del Gobierno Federal de mantener el marco fiscal vigente para otorgar certeza. propone un gasto neto pagado de 5,201.7 mmp en 2018 (5,236.4 mmp devenga-

---

solo es superada por Estados Unidos. La prevalencia de la obesidad entre la población infantil del país es una señal México ocupa el tercer lugar de obesidad infantil en niñas, con una prevalencia de 29.0 por ciento, y el sexto en niños, con una prevalencia de 28.1 por ciento. En nuestro país se presentan 95 defunciones por cada 100 mil habitantes cada año, mientras que en promedio en los países de la OCDE se presentan 23 defunciones por cada 100 mil habitantes por diabetes.

do), un aumento de 113.4 mmp (2.2 por ciento real) consistente con el crecimiento de los ingresos y la culminación del proceso de consolidación fiscal, que implica una mejora en el balance de 51.9 mmp.

Sin embargo, este incremento es absorbido casi completamente por un crecimiento en el gasto no programable de 102.1 mmp (7.3 por ciento real), que en 2018 asciende a 1,504.7 mmp. El aumento proviene en su mayoría de un crecimiento en el costo financiero – por un nivel de deuda nominal mayor y la prevalencia de una tasa de interés más alta en promedio durante el año– y mayores participaciones a las entidades federativas, debido a la favorable recaudación tributaria. En consecuencia, la política de gasto para 2018 reafirma el esfuerzo de reingeniería del gasto público y disciplina en las finanzas, y privilegia programas que contribuyen a la reducción de la pobreza, reduce el gasto corriente en los Ramos Administrativos, prioriza la inversión productiva sobre la administrativa y sienta las bases para la elaboración de un presupuesto basado en los ODS acordados por los países miembros de la ONU. Así, el gasto programable pagado propuesto es de 3,697.0 mmp (3,731.7 mmp devengado) y se mantiene prácticamente constante en términos reales para 2018, al aumentar en 11.3 mmp (0.3 por ciento real). El esfuerzo de reducción del gasto se refleja en una disminución en el gasto programable pagado de 27.8 mmp (0.9 por ciento real) al excluir las erogaciones en las pensiones de los trabajadores, así como en la reducción en las erogaciones de los Ramos Administrativos por 28.3 mmp (2.8 por ciento real). La contención del gasto programable pagado contrasta con los ajustes planteados en los CGPE de 2016 y 2017, que ascendían a 221.1 mmp y 228.6 mmp corrientes, respectivamente, o 1.2 y 1.1 por ciento del PIB, en el mismo orden. Al contrastar las cifras de finanzas públicas propuestas para 2018 con las estimadas para el cierre de 2017, excluyendo la recepción de ingresos por concepto del ROBM y otros que por Ley tienen un destino específico, se proyecta un aumento en los ingresos de 40.7 mmp (0.9 por ciento real) o cerca de 0.2 por ciento del PIB. El incremento en ingresos cubre casi por completo la mejora necesaria en el balance, equivalente a 0.2 puntos del PIB de 2018, para disminuir los RFSP a 2.5 por ciento del PIB en dicho año. Por tanto, se requiere un ajuste moderado en el gasto neto pagado total, igual a 11.2 mmp (0.2 por ciento real) respecto a la cifra estimada para el cierre presupuestario de 2017 que no considera operaciones extraordinarias.

Sin embargo, dado un aumento en el componente no programable del gasto por 78.9 mmp (5.5 por ciento real) o casi 0.4 por ciento del PIB, por el crecimiento en el costo financiero y en las participaciones a las entidades federativas, la conclusión del proceso de consolidación fiscal implica un ajuste en el gasto programable pagado excluyendo operaciones extraordinarias por 90.0 mmp (2.4 por ciento en términos reales) o 0.4 por ciento del PIB. Esta contención al gasto programable pagado por 0.4 por ciento del PIB permitirá obtener por segundo año consecutivo un superávit primario e incrementarlo a 0.9 por ciento del PIB desde el 0.4 por ciento estimado para 2017 excluyendo los ingresos del ROBM. La mejora de 0.5 pp resulta del aumento en los ingresos por 0.2 puntos del PIB y una disminución en el gasto primario –erogaciones que excluyen el costo financiero– por 0.3 puntos del PIB. El conjunto de las medidas de ingreso y gasto implica alcanzar un equilibrio presupuestario en el balance económico sin inversión de alto impacto económico y social, esto es, los programas y proyectos de inversión con alta rentabilidad e impacto social listados en el Tomo correspondiente del Proyecto de Presupuestos de Egresos de la Federación, que han acreditado los elementos técnicos y jurídicos que permiten su ejecución. Los ajustes en los RFSP y el balance económico, junto con el incremento en el superávit primario, ayudarán a que el SHRFSP disminuya a un estimado –si no hay movimientos considerables en las variables macroeconómicas– de 47.3 por ciento del PIB, logrando que la deuda como porcentaje del PIB no solo deje de crecer, sino que empiece a disminuir.

La Política de Ingresos en la Iniciativa de Ley de Ingresos (ILIF) para 2018 refuerza el compromiso del Gobierno Federal con la estabilidad macroeconómica y la solidez de las finanzas públicas. Con la Reforma Hacendaria aprobada en 2013 señala, se logró modernizar el marco tributario, dotándolo de mayor profundidad en términos de progresividad, eficiencia, fortaleza recaudatoria, estabilidad, e incorporando herramientas para corregir externalidades. Siguiendo esta línea, la ILIF para 2018 busca consolidar los beneficios de la Reforma Hacendaria, acompañar de manera responsable el proceso de consolidación fiscal que termina el próximo año y dotar de certidumbre a las personas y empresas sobre el marco fiscal, generando así condiciones propicias para incrementar el ahorro y la inversión en la economía. A cuatro años de su implementación, los resultados de la Reforma Hacendaria han sido favorables. Entre 2013 y 2016 los ingresos tributarios aumentaron en 4.5 puntos porcentuales del PIB para alcanzar un máximo histórico de 13.9 por ciento del producto, lo cual permitió compensar la disminución de 4.3 puntos porcentuales del PIB en los ingresos petroleros durante el mismo periodo. Esto también significó un cambio en la composición de los ingresos hacia fuentes más estables y menos sujetas a riesgos provenientes del exterior. Mientras que en 2013 los ingresos petroleros representaron 35.5 por ciento del total de los ingresos del Sector Público, en 2016 representaron el 16.3 por ciento, por lo que hoy las finanzas públicas son más sólidas. Es importante resaltar que desde 2014 se ha dotado de certidumbre a los agentes económicos sobre el marco tributario prevaleciente hasta 2018, al tiempo que las finanzas públicas han seguido la trayectoria de consolidación fiscal comprometida en 2013. Esa estrategia ha contribuido a que nuestro país haya podido mitigar de la mejor manera posible los efectos de una elevada volatilidad e incertidumbre en el entorno económico global. A fin de continuar preservando la estabilidad macroeconómica y generar condiciones de mayor inversión y crecimiento de la economía, la ILIF para 2018 se centra en dos pilares: cumplir cabalmente con el Acuerdo de Certidumbre Tributario suscrito en 2014, en el que se estableció que hasta 2018 no se propondrían nuevos impuestos, no se aumentarían las tasas de los impuestos existentes, ni se reducirían o eliminarían los beneficios fiscales ni las exenciones existentes; y acompañar la culminación del proceso de consolidación fiscal. El Acuerdo ha generado certeza sobre las reglas en materia fiscal en las que se desenvuelven las familias, los trabajadores y las empresas de todos los tamaños del país, y ratificó el compromiso del Gobierno Federal por mejorar la eficiencia, la oportunidad y la transparencia en el uso de los recursos públicos. La ILIF para 2018 refrenda por cuarto año consecutivo los compromisos establecidos en el Acuerdo y no contiene medidas que representen una mayor carga tributaria para las empresas y familias del país, con el objetivo de que los hogares y empresas puedan planear adecuadamente sus decisiones económicas.

En cuanto a la Política de Gasto, El Proyecto de Presupuesto de Egresos de la Federación (PPEF) para el ejercicio fiscal 2018 señala Hacienda, se presenta en un contexto de mayor estabilidad macroeconómica, que permite la continuidad en el financiamiento de las prioridades de gasto y sentar las bases de un desarrollo sostenible de largo plazo. El PPEF 2018 considera principalmente los siguiente elementos: I) privilegiar programas que contribuyen a la reducción de la pobreza a través de la disminución de las carencias sociales, así como al incremento del acceso efectivo a los derechos sociales; II) reducción del gasto corriente en los Ramos Administrativos; III) priorización de la inversión productiva sobre la administrativa;

y IV) sentar las bases para la elaboración de un presupuesto basado en los ODS acordados por los países miembros de la ONU. Programas prioritarios La política de gasto planteada en el PPEF 2018 busca fortalecer los Programas presupuestarios (Pp) de Seguridad Nacional y Seguridad Pública y privilegiar los Pp prioritarios para reducir la pobreza y asegurar el ejercicio efectivo de los derechos sociales. Esto último se llevó a cabo con base en los criterios de priorización de las Consideraciones para el Proceso Presupuestario 2018 del Consejo Nacional de Evaluación de la Política de Desarrollo Social (CONEVAL).

Asimismo, se presenta un incremento real del gasto en pensiones, al encontrarse todavía en un periodo de transición de esquemas de reparto hacia esquemas de contribución definida, lo que significa que los recursos aportados a las cuentas individuales no pueden utilizarse para fondear las pensiones en curso de pago, factor al que se suma el envejecimiento de la población. Ramos Administrativos En línea con el proceso de consolidación fiscal, el Paquete Económico para 2018 continúa con la disciplina en materia de gasto impulsada en ejercicios anteriores, la cual ha contribuido a mantener la estabilidad económica nacional. El compromiso del Gobierno de la República con mantener una política de austeridad en el ejercicio de los recursos, junto con el de no incrementar los impuestos ni la deuda pública para financiar su operación, se traduce en esfuerzos para realizar más con menos. Parte fundamental de dicha estrategia ha sido la contención del gasto en Ramos Administrativos. Por ello, en el PPEF 2018 se propone una reducción del gasto que ejercen dichos Ramos de 28.3 mmp o 2.8 por ciento en términos reales respecto a lo aprobado el año anterior, a su interior el gasto en servicios personales disminuye en 2.8 mmp o 0.9 por ciento real, incluidas las aportaciones de seguridad social, y el gasto de operación se reduce en 1.3 por ciento real respecto al PEF 2017. A fin de lograr dicha reducción, se realizó un esfuerzo para mantener la tendencia a la baja en las asignaciones relacionadas al gasto en servicios personales, gasto de operación y subsidios Esto última toma en cuenta la priorización hecha bajo los criterios del CONEVAL. Gasto de inversión Se priorizaron 1,528 proyectos y se propone someter a consideración de la Cámara de Diputados la asignación de recursos fiscales a 261 programas y proyectos de inversión por un monto de 92.2 mil millones de pesos, de los cuales 90.2 mil millones de pesos corresponden a proyectos de infraestructura económica y social, así como sus programas de mantenimiento y adquisiciones y casi 2 mil millones de pesos corresponden a otros programas y estudios. Lo anterior mantiene la tendencia de la composición del gasto en ciclos anteriores, en la que se minimiza el gasto de inversión de índole administrativo y se maximiza la inversión económica y social (productiva). En comparación con el 2013, se puede observar que la proporción del gasto de inversión en infraestructura productiva se incrementó de 83.2 por ciento en 2013 a 97.9 por ciento en 2018 y la de índole administrativa pasó de 10.9 por ciento en 2013 a 0.9 por ciento en 2018. Objetivos de Desarrollo Sostenible En el Ejercicio Fiscal 2018 el Gobierno de la República está sentando las bases para una presupuestación encauzada no sólo a atender las necesidades de las generaciones presentes, sino también a generar las condiciones para garantizar que existan elementos para solventar las de generaciones futuras, a fin de consolidar el desarrollo nacional en el largo plazo. Este proceso se vincula con los compromisos internacionales adquiridos por México como parte de la transición de Objetivos de Desarrollo del Milenio (ODM) a ODS, en el marco de la Agenda 2030 de la ONU. En este sentido, los ODS –a través de sus metas– se perfilan como la guía estratégica complementaria para presupuestar bajo una visión que posibilite el bienestar de generaciones futuras mediante la atención de las causas subyacentes que, directa o indirectamente, se asocian a un problema particular en el presente. El 25 de septiembre de 2015, la Asamblea General de la ONU aprobó la Agenda 2030 para el Desarrollo Sostenible como un plan de acción que presenta una visión de futuro en favor de las personas, la protección del planeta, el fomento a la prosperidad de los países y el fortalecimiento de la paz universal. La visión para el mundo contenida en el documento se traduce en 17 objetivos a alcanzar en 2030, los cuales conforman los ODS, que a su vez cuentan con 169 metas con un periodo de vigencia de 15 años. Los ODS constituyen un compromiso de Estado, por lo que en el PPEF 2018 el Gobierno de la República sienta las bases para la identificación de la vinculación de las estructuras programáticas con los ODS, a fin de evaluar sus avances. El análisis y mapeo inicial de los Pp que inciden en el cumplimiento de los ODS provee los fundamentos para alcanzar los siguientes objetivos en el mediano y largo plazos: Determinar las acciones estratégicas para generar resultados de alto impacto en un contexto de recursos limitados. • Coordinar los esfuerzos que llevan a cabo las distintas instancias de Gobierno a nivel federal para la atención de objetivos particulares, a fin de identificar cómo inciden actualmente en el cumplimiento de los ODS y cómo podrían incidir en mayor medida o de forma más estratégica en su consecución. • Informar de forma periódica sobre resultados. El conocer los Pp que contribuyen a la atención de determinado ODS permite evaluar su cumplimiento, gracias a los avances que se han tenido en la consolidación de un Sistema de Evaluación del Desempeño (SED) en México. • Que los resultados en la implementación de los ODS retroalimenten el proceso de presupuestación. La información del desempeño de cada Pp ayudará a fortalecer los esquemas de Presupuesto basado en Resultados (PbR), tanto para la atención de objetivos nacionales como para favorecer el cumplimiento de las metas de los ODS. • Que las dependencias, entidades y Poderes a nivel federal identifiquen áreas de mejora en su planeación, políticas, programas e intervenciones para el desarrollo, para poder alcanzar los ODS.

Generar una planeación estratégica de largo plazo, al proveer información necesaria para impulsar un enfoque de Gestión para Resultados en la presupuestación.

Finalmente, los esfuerzos realizados buscan generar que la ciudadanía cuente con información útil, mediante una mayor transparencia en el gasto público, que permita fomentar la rendición de cuentas. A fin de lograr lo anterior, para el Ejercicio Fiscal 2018 la Oficina de la Presidencia de la República, la Secretaría de Hacienda y Crédito Público y el Programa de las Naciones Unidas para el Desarrollo colaboraron para determinar los Pp que se vinculan con los ODS y las relaciones específicas entre ambos. El mapeo alcanzado ofrece un panorama general que ayudará a identificar las acciones para evaluar el cumplimiento de los objetivos que, junto con el seguimiento de los indicadores de los ODS, permitirá proponer e implementar eventuales mejoras a la estructura programática o a las estrategias de atención que se están llevando a cabo para atender las necesidades de las generaciones actuales, sin comprometer el de las generaciones futuras.

Hacienda en el programa plantea medidas de responsabilidad hacendaria y una Meta de los Requerimientos Financieros del Sector Público, Los RFSP son la medida más completa y robusta del déficit público. Este indicador actúa como el ancla fiscal para la planeación de las finanzas públicas y representa una herramienta de control de la hacienda pública. En el ejercicio fiscal 2018 señala hacienda, se concluirá con el proceso de consolidación fiscal, lo que implica disminuir los RFSP a 2.5 por ciento del PIB, nivel consistente con una disminución sostenida de la deuda. Con la reducción de los RFSP a 2.5 por ciento del PIB se estima que el SHRFSP como proporción del PIB llegue a 47.3 por ciento, menor en 0.7 puntos porcentuales que el estimado de cierre de 2017 incluyendo los recursos del ROBM. Se estima que la estabilización de los RFSP en 2.5 por ciento del PIB permitirá colocar la deuda en una trayectoria sostenida decreciente.

En cuanto a las metas para las Empresas Productivas del Estado Pemex y la CFE fueron dotados de mayor autonomía presupuestaria en el marco de la Reforma Energética, adquiriendo la facultad de elaborar sus proyectos de presupuesto, quedando sólo sujetos a un techo de gasto de servicios personales y a una meta de balance financiero que apruebe la Cámara de Diputados. Los techos de gasto y las metas de balance garantizan que el desempeño financiero de las Empresas Productivas del Estado (EPE) esté alineado con la capacidad de financiamiento del Sector Público y una mejor composición de su gasto. Para el ejercicio fiscal 2018, se contempla para Pemex un déficit en su balance financiero de 89.5 mmp y un techo de gasto de servicios personales de 93.2 mmp. Asimismo, se plantea un superávit para CFE en el balance financiero de 18.0 mmp y un techo de gasto de servicios personales de 56.8 mmp. Límite máximo del gasto corriente estructural La LFPRH establece los rubros a considerar en el cálculo del gasto corriente estructural, así como el monto máximo que se puede erogar por este concepto en cada ejercicio fiscal. El monto máximo se define por Ley como el gasto corriente estructural de la última Cuenta Pública disponible más un crecimiento real por cada año menor a la tasa de crecimiento estimada del PIB potencial, igual a 2.6 por ciento para 2018. Dicho límite tiene como fin ejercer políticas de gasto responsables que prioricen el nivel de inversión de capital y el ahorro sobre el gasto corriente ante incrementos extraordinarios en los ingresos públicos, así como permitir una evolución adecuada del gasto en los próximos años. Para 2018 se propone utilizar un crecimiento real de 2.5 por ciento para determinar el límite máximo del gasto corriente estructural, menor que el crecimiento real del PIB potencial estimado y congruente con lo establecido en la LF-

PRH. En consecuencia, el límite máximo del gasto corriente estructural es de 2,610.9 mmp. En el PPEF 2018 se plantea un gasto corriente estructural que se encontrará por debajo del límite máximo en 493.0 mmp y que implica una disminución de 10.7 por ciento real respecto al nivel aprobado para 2017, en línea con la propuesta de concluir en 2018 la trayectoria de consolidación fiscal comprometida en 2013.[66]

III.6. La política fiscal para el año 2023

En 2023 de manera particular, y con respecto a la política de recaudación tributaria, la Secretaria de Hacienda informo que, en el periodo de enero a julio, los ingresos presupuestarios superaron los 3.9 billones de pesos, compuestos en un 19.7% por ingresos petroleros y en un 80.3% por ingresos no petroleros. El componente petrolero de los ingresos presupuestarios ascendió a 760.9 mil millones de pesos, lo que representó un crecimiento real anual de 39.3%. Este comportamiento se debió, entre otros factores, al mayor precio del petróleo y a una mayor demanda de hidrocarburos debido a la recuperación económica global de la primera mitad de 2022. Durante enero a julio, los ingresos tributarios se ubicaron en 2.3 billones de pesos, lo que representó un incremento real anual de 1.0%. Al excluir el componente del IEPS de combustibles, los ingresos tributarios mostraron un crecimiento real anual de 11.3% y se ubicaron por encima de lo previsto en el programa en 200.5 mil millones de pesos. El buen desempeño de la recaudación

---

66 Secretaria de Hacienda y Crédito Público, *Criterios Generales de Política Económica 2018 para la Iniciativa de Ley de Ingresos y el Proyecto de Presupuesto de Egresos de la Federación Correspondientes al Ejercicio Fiscal 2018* https://www.finanzaspublicas.hacienda.gob.mx/work/models/Finanzas_Publicas/docs/paquete_economico/cgpe/cgpe_2018.pdf

tributaria reflejó el dinamismo de los componentes presupuestarios como el ISR, el IVA y el impuesto a las importaciones, los cuales registraron crecimientos reales anuales de 15.3, 4.0 y 23.5%, respectivamente. Este comportamiento derivó de un mayor nivel de actividad económica, que se manifestó en un crecimiento sostenido del consumo interno, los ingresos laborales y las ganancias de las empresas, así como por las acciones de fiscalización que han incentivado el cumplimiento de las obligaciones fiscales de forma puntual y voluntaria. En cuanto a la política de gasto, el Gobierno Federal reafirma su compromiso de priorizar las mayores erogaciones en aquellos rubros que permitan reducir las desigualdades sociales, económicas y regionales por lo que continuó destinando recursos a los programas sociales que más inciden en el bienestar de la población en situación de vulnerabilidad y en aquellos proyectos de infraestructura clave que permitirán elevar el nivel de crecimiento potencial del país y mostrar un crecimiento más balanceado, en el mediano y largo plazo. En el periodo enero-julio, el gasto neto total ascendió a 4.1 billones de pesos. En cuanto a su clasificación funcional, y en línea con la política social de la presente administración, con cifras al cierre de julio, el gasto en protección social se ubicó en 873.1 mil millones de pesos, lo que representó un crecimiento real anual de 11.0% y un máximo histórico desde que se tiene registro en el marco del interés por fortalecer la red de apoyos directos a la ciudadanía para mejorar su calidad de vida, particularmente aquella existente en sectores más vulnerables. En el mismo tenor, la contribución al gasto programable de este rubro aumentó de 22.5 a 29.3% del total entre julio de 2018 y julio de 2022. Desde el inicio de la administración, los apoyos sociales han sentado las bases para ampliar la red de protección social del país, lo que ha permitido mejorar la calidad de vida de la población de más bajos ingresos. En particular, los recursos destinados al Programa de Bienestar a Adultos Mayores, el cual se elevó a rango constitucional desde 2019 y que consiste en un apoyo bimestral de 3 mil 850 pesos, se han duplicado en términos reales entre 2019 y 2022. Mientras tanto, los recursos destinados a los programas de Beca Universal para Estudiantes de Educación Media Superior Benito Juárez, que pretende que los jóvenes no abandonen sus estudios y puedan incorporarse más fácilmente al mercado laboral, se incrementaron en 65.8% durante el mismo periodo y representa una inversión en capital humano por 34.5 mil millones de pesos. Por su parte, la inversión física del sector público, la cual se caracteriza por su efecto en el crecimiento de mediano y largo plazo de la actividad económica desde una perspectiva regional, ascendió a 443.8 mil millones de pesos y mostró un crecimiento de 9.4% en términos reales. De cara al cierre del año, se estima que este componente de la inversión alcance un nivel de 3.4% del PIB, el dato más alto desde 2017. Los recursos destinados a los proyectos prioritarios de infraestructura ya han dado los primeros indicios de beneficio sobre el crecimiento económico y la creación de empleo a nivel regional. Por ejemplo, el nuevo Aeropuerto Felipe Ángeles (AIFA), que está en funciones desde marzo de 2022, ha permitido mejorar la conectividad del sistema aeroportuario nacional, generando un nuevo polo de desarrollo económico, al impulsar la actividad industrial, comercial y residencial de las zonas aledañas y favorecer la creación de más de 421 mil empleos directos e indirectos desde el inicio de su construcción. También, en julio de 2022 se inauguró una primera fase de la refinería Olmeca-Dos Bocas, que va a contribuir a la autosuficiencia energética del país y diversificado las fuentes de insumos energéticos. Esta segunda gran obra ha logrado detonar el desarrollo económico del sureste de México. Por ejemplo, en 2021 Tabasco fue la cuarta entidad federativa del país con mayor crecimiento económico, al crecer casi el doble que el resto de los estados. Otro efecto de este proyecto ha sido que, en lo que va de esta administración, el número de trabajadores formales en Tabasco creció en 37.0%, al tiempo que su tasa de desempleo ha sido la más baja en los últimos 14 años. En línea con la evolución estimada de los ingresos y con las previsiones del comportamiento de los principales balances de finanzas públicas, se estima para el cierre de 2022 el gasto programable se ubique por encima de lo calendarizado en 382.8 mil millones de pesos, con un crecimiento de 1.0% real anual respecto a lo observado en 2021. En cuanto al componente no programable, se prevé un incremento de 16.1% real anual derivado del aumento en el costo financiero de la deuda causado por el incremento acelerado en las tasas de interés a nivel internacional. Adicionalmente, las participaciones a entidades federativas y municipios cerrarán el año en 1.1 billones de pesos, mayor al nivel observado en el año previo en 11.5%, en términos reales. Política de ingresos Para el presupuesto de 2023 los ingresos tributarios del Gobierno Federal se ubicarán en 4.6 billones de pesos, lo que representa un aumento en los ingresos de 1.7 pp del PIB en relación con lo observado en 2018. Estos mayores ingresos se explican por una serie de medidas que se han establecido desde el inicio de la actual administración para fortalecer los ingresos públicos, sin permitir que los hogares sientan en sus bolsillos la carga de un aumento de impuestos o la creación de nuevos tributos. Estas medidas incluyen la eliminación de la compensación universal, un mecanismo que permitía que la obligación de pagar un impuesto específico se pudiera cubrir con el saldo a favor de otro impuesto (pago cruzado de impuestos). Esta era una facilidad que prácticamente ningún país otorgaba y que en México servía para realizar planeaciones fiscales agresivas por parte de las empresas, en detrimento de la recaudación pública. Asimismo, a partir de 2019 se elevó a rango constitucional la negativa de condonación de impuestos, lo cual elimina el incentivo de posponer el pago de impuestos y motiva a que los contribuyentes cumplan con el pago de sus obligaciones fiscales. Política de gasto En cuanto a la política de gasto, el PPEF 2023 continuará otorgando suficiencia presupuestaria a los proyectos y programas de bienestar que el Gobierno de México ha impulsado con el objetivo de mejorar la situación económica de la población más pobre del país, ya sea a través de apoyos directos a los sectores vulnerables o también vía mayor gasto en inversión productiva que estimule la actividad económica de las regiones más rezagadas. En este marco, el PPEF 2023 propone un gasto en desarrollo social de 3.9 billones de pesos, lo que implica un crecimiento real de 9.1% con relación al monto aprobado para 2022. Al interior, destaca un incremento de 4.0% en el gasto propuesto en salud, así como un aumento anual de 12.7% en el gasto en protección social, con lo cual este rubro seguirá alcanzando máximos históricos en beneficio de las mayorías. En materia de infraestructura, destaca el aumento propuesto de 15.6% real en el gasto de inversión con relación al monto aprobado para 2022. De manera específica, se proponen incrementos de 21.7 y 9.9% con relación al presupuesto aprobado en 2022 en inversión física y subsidios de inversión para entidades federativas, respectivamente. Con esto, se busca consolidar el avance y la conclusión oportuna de los proyectos de infraestructura estratégica en aquellas zonas del país con mayor potencial o, en su caso, con necesidades más apremiantes. Política de endeudamiento La presente administración tiene una política clara de contención de los balances públicos que mantiene la deuda en una senda estable y con los menores incrementos en comparación con administraciones anteriores. La estrategia activa de refinanciamiento de la deuda pública ha facilitado, anticipado y aprovechado de forma estratégica oportunidades en los mercados internacionales. Esto ha permitido refinanciar el mayor monto de deuda externa en la historia del país. Entre julio de 2019 y agosto de 2022, más de 13 mil millones de dólares en bonos soberanos en moneda extranjera fueron refinanciados y se logró incrementar el plazo de pago de 18 a 21 años. El principal objetivo de la política de deuda será mantener el porcentaje de la deuda respecto al PIB estabilizado alrededor del 50% y mantener el estricto apego a los techos de endeudamiento autorizados por el H. Congreso de la

Unión. A pesar de la peor crisis de los últimos 80 años, la deuda pública de México como porcentaje del PIB ha crecido solo 4.0 pp durante estos primeros cuatro años, en comparación con los incrementos de 11.4 y 6.5 pp observados en las dos administraciones anteriores en el mismo periodo de comparación. Por tanto, la política y gestión de la deuda pública de la actual administración ha sido reconocida por su responsabilidad en el manejo de operaciones de mercado, relación y expansión con la base de inversionistas, así como por la innovación en las operaciones de financiamiento. La deuda pública se continuará gestionando a través de los mercados financieros y privilegiando la emisión controlada de bonos soberanos en el mercado local a tasa fija, incluyendo los bonos sostenibles cuyo objetivo es construir un sistema de financiamiento encaminado a combatir el cambio climático y a cerrar brechas sociales en el país al más bajo costo. Actualmente, existen 78 nuevos fondos extranjeros comprando los activos financieros que emite México, entre ellos se encuentran los nuevos fondos de inversión de impacto sostenible que reconocen la vocación social y ambiental del actual gobierno. Destaca también la reciente incorporación de 10 nuevos grandes inversionistas del mercado Formosa de Taiwán, conformado principalmente por empresas aseguradoras en Asia, las cuales privilegian las inversiones en activos seguros de largo plazo (usualmente a 50 años). Por su parte, la política de endeudamiento externo de 2023 tiene como objetivo utilizarse de forma complementaria para mantener el adecuado funcionamiento de los mercados líquidos en que opera México, incluyendo los mercados sostenibles. La prudencia fiscal que ha caracterizado al Gobierno Federal ha permitido que actualmente México sea uno de los países de América Latina con menor nivel de deuda pública. Mientras la mayoría de los países incrementaron su nivel de deuda externa a raíz de la pandemia, nuestro país ha logrado mantenerla estable mediante su política de responsabilidad fiscal, un sofisticado manejo de riesgos y una eficiente estrategia de refinanciamiento de pasivos. Así, para 2023 se estima que 19.2% del total de la deuda sea denominada en moneda extranjera y el 80.8% restante en moneda nacional. Con lo mencionado, el Gobierno Federal mantiene un portafolio de deuda de bajo riesgo y equilibrado que le permitirá mantener una posición financiera sólida. Con base en lo anterior, en la Iniciativa de la Ley de Ingresos (ILIF) para el ejercicio fiscal 2023 que se somete a consideración del H. Congreso de la Unión, se solicita un monto de endeudamiento interno neto del Gobierno Federal hasta por 1,170.0 mil millones de pesos. Para el endeudamiento externo neto del sector público, que incluye al Gobierno Federal y a la banca de desarrollo, se solicita un techo de endeudamiento neto de hasta 5.5 mil millones de dólares. En lo que respecta a los techos de endeudamiento neto que requieren las Empresas Productivas del Estado, Petróleos Mexicanos y sus empresas productivas subsidiarias solicitan un techo de endeudamiento interno neto hasta por 27.1 mil millones de pesos y un techo de endeudamiento externo neto de hasta 142.2 millones de dólares. Asimismo, la CFE y sus empresas productivas subsidiarias solicitan un techo de endeudamiento interno neto de hasta 12.8 mil millones de pesos y de endeudamiento externo neto de 397 millones de dólares. Por último, la política de gestión de activos de 2023 buscará potenciar el uso de activos no financieros para fomentar el financiamiento público.[67]

---

[67] Secretaria de Hacienda y Crédito Público *Criterios Generales de Política Económica para la iniciativa de la Ley de Ingresos y el proyecto del presupuesto de egresos de la Federación correspondientes al ejercicio fiscal de 2023.* https://www.finanzaspublicas.hacienda.gob.mx/work/models/Finanzas_Publicas/docs/paquete_economico/cgpe/cgpe_2023.PDF

CONCLUSIONES

PRIMERA.-Al término de la Revolución sobre las bases anteriores es que podemos analizar la evolución de la política económica del Estado Mexicano y podemos afirmar la existencia de los siguientes periodos a partir de la etapa postrevolucionaria, ya que una vez que se cimienta el sistema presidencialista a partir de Álvaro Obregón y Plutarco Elías Calles, y del inicio de la consolidación del poder se inicia también una etapa de estabilidad política, en la que destacan el cumplimiento de algunas de las exigencias nacidas en la Revolución como lo es el reparto agrario y que con Lázaro Cárdenas consolida un periodo de política nacionalista, acorde a los principios y postulados que dieron origen a la revolución, en las que destaca la Nacionalización del Petróleo, que dejan las bases para que en los siguientes periodos presidenciales se desarrolle la industria bajo una visión estabilizadora en la que se advierte por una parte un gran apoyo y concentración de la inversión hacia la industria y por otra parte hacia el campo, siendo este subsidiado, al considerarse como el principal proveedor de materias primas para la industria, por lo que su desarrollo se condiciona al crecimiento de la industria que además tiene un importante auge debido al conflicto armado de la segunda guerra mundial, lo cual permitió a México crecer ante las necesidades bélicas. Referentes de esta política son los gobiernos de: Manuel Ávila Camacho (1940 – 1946), Miguel Alemán Valdés (1946 1952) y Adolfo Ruiz Cortines (1964 – 1970) y el último presidente que sigue esta política estabilizadora es Gustavo Díaz Ordaz (1964 – 1970).

En esta etapa en 1925 el gobierno federal creó el Impuesto sobre la renta, progresivo con el cual México se colocaba en sintonía con las principales y más modernas economías del mundo. Una de las funciones estatales más novedosas y complicadas era el combate a la desigualdad social mediante políticas fiscales, tanto en materia de ingresos como de gasto. Durante las décadas de 1940 y 1950 se vieron claros indicios de que el sistema tributario mexicano presentaba problemas, fundamentalmente porque los ingresos tributarios eran muy bajos, de hecho, se encontraban muy por debajo del nivel de otros países de similar desarrollo y estructura económica, como Cuba, Chile, Ecuador y Venezuela. En el periodo 1944-48 la captación por ingresos ordinarios con respecto al ingreso nacional fue del 6.6%. Sin embargo, durante este periodo el factor común fue el estancamiento de los ingresos tributarios respecto a los ingresos totales. Por lo tanto, se hizo necesario en los años de 1948 y 49 realizar diversas reformas fiscales, a fin de lograr mayor progresividad y equidad al sistema fiscal. Entre las principales reformas adoptadas en este periodo se encuentran: Sustitución del impuesto del timbre por el de ingresos mercantiles. Modificaciones al impuesto sobre la renta Creación del impuesto sobre utilidades excedentes y de la sobretasa adicional del 15% sobre exportaciones. Como resultado de las reformas, se logró que en 1952 los ingresos per cápita del gobierno federal fueran de $182 pesos, sin embargo, para el año siguiente estos se redujeron a $159 pesos. Este periodo se caracterizó por que los ingresos tributarios en su gran mayoría (78%) correspondían a impuestos indirectos, mientras que tan solo los impuestos directos representaron el 22%. Esto nos da una idea de lo poco equitativo de esta estructura fiscal, ya que los grupos de menores ingresos contribuyeron en gran medida a la carga fiscal vía impuestos indirectos.

Durante el periodo 1955-72, se pretendió adaptar el sistema impositivo de acuerdo a las necesidades de industrialización del país. Para tal efecto, se sustituyeron gran cantidad de impuestos sobre la producción y ventas por un impuesto sobre ingresos mercantiles, así como modificar el ISR, estableciendo cierto gravamen de acuerdo al ingreso total, sin importar su fuente, además se establecieron regímenes especiales sobre ciertos sectores.

SEGUNDA.–En la etapa de 1970 a 1982, el eclecticismo que caracterizó a la política económica seguida por México de 1970 a 1982 tuvo orígenes diversos. En su esencia, se trató de una combinación más bien espontánea y no planeada de keynesianismo, estructuralismo, proteccionismo, diversas versiones del marxismo y algo de teoría de la dependencia.

En este periodo se hacen reformas con una política económica de corte keynesiano que propone una mayor intervención estatal, para corregir los desequilibrios estructurales, con políticas que incrementan el gasto público y la oferta monetaria, políticas que se siguen en los dos mandatos presidenciales siguientes el de Luis Echeverría Álvarez (1970 – 1976) y el de José López Portillo (1976 – 1982) que recurren exageradamente al endeudamiento externo, sobre la base de las expectativas de los ingresos petroleros, política que genera fenómenos inflacionarios, mismos que al final del periodo se les atribuye también a la fuga de capitales, a través del sistema financiero privado, lo que motiva la nacionalización de la banca comercial en 1982, quedando está en manos del Gobierno Mexicano.

Entre los principales cambios realizados al sistema tributario durante el sexenio de Luis Echeverría se encuentran medidas que pretendían perfeccionar la integración de la base del ISR empresarial, así como la elevación de la tasa del ISR personal, gravando con 50% los ingresos anuales superiores a $150 mil pesos. Se elevó la tasa del Impuesto Federal sobre Ingresos mercantiles, se incrementó la tasa que afecta a los ingresos de Pemex y se creó un nuevo impuesto para el consumo de gasolina; así mismo se incrementó la tasa de los impuestos especiales.

Al terminar 1976, México atravesaba por una grave crisis económica caracterizada por una espiral inflacionaria, un estancamiento en el crecimiento del producto, una deuda exterior voluminosa y creciente, una contracción de la inversión privada, un sector financiero en condiciones críticas, una moneda devaluada y con tipo de cambio inestable y una "pérdida de confianza" de amplios sectores de la población en la capacidad del Estado para conducir al país por vías económicas y políticas segura.

TERCERA.–En el sexenio del presidente López Portillo con una crisis económica y una devaluación no conocida en México, realiza una segunda ronda de reformas tributarias, cuyo principal objetivo fue combatir los efectos distributivos adversos de la inflación, además de reducir las distorsiones implicadas por el efecto cascada del impuesto sobre ingresos mercantiles.

Las principales reformas de esta época fueron: Impuesto Sobre La Renta: Revisión del esquema impositivo para corregir en el impuesto sobre la renta de personas fiscales los efectos de la inflación y algunos de sus sesgos regresivos pertenecientes a la reforma anterior. Revisión de los impuestos sobre ganancias de capital, reconociendo su carácter no recuperable y gravando sólo su impacto sobre el ingreso permanente.

De igual forma, se ajustaron el valor y las reinversiones en activos para tener en consideración los aumentos generales en precios. Impuesto Sobre Ventas: Introducción del Impuesto al Valor Agregado y eliminación del Impuesto sobre Ventas.

En términos macroeconómicos el modelo planteado en el Plan Nacional de Desarrollo expedido en 1980 implicaba cinco grandes objetivos: 1) crecimiento económico más rápido que en el desarrollo estabilizador, 2) control de la inflación, 3) tipo de cambio fijo, 4) elevación de los salarios y 5) equilibrio de la balanza de pagos.

El presidente José López Portillo que su sexenio señalo que sería el de la planificación económica. Así emite el Plan Nacional Industrial que se dio a conocer a principios de 1979 y el Plan Global de Desarrollo vio la luz pública en abril de 1980. En el primero de ellos, la predicción del crecimiento del PIB real para 1982 fue de 10.6%, mientras que en el plan global el crecimiento promedio del PIB real para los últimos tres años del sexenio se estimó en 8% anual. Pero en el sexenio que iba a ser el de la planificación, los planes fracasaron de manera estrepitosa. Mientras que en los hechos y con la economía ya probablemente sobrecalentada- el crecimiento del PIB real llegó hasta 9.2% en 1979 y quedó por arriba de 8% en los dos años siguientes, en 1982 la economía se desplomó hasta experimentar contracción. En la secuencia de causalidades que desembocaron en el desplome, el elemento primigenio de los problemas fue el gasto público. De acuerdo con el Plan Global de Desarrollo, este agregado debería crecer, en la segunda parte del sexenio, a 14% anual. Una expansión tan acelerada de ese agregado dio lugar en el segundo círculo concéntrico de causalidades a un déficit fiscal creciente, el déficit fiscal en ampliación continua tuvo dos consecuencias principales: en el frente interno, una ampliación muy rápida de la liquidez en la economía provocó una inflación también creciente, a pesar de que hasta principios de 1982 el tipo de cambio fijo actuó como ancla en el sistema de precios; en el frente externo, el déficit en la cuenta corriente de la balanza de pagos que había que financiar. El otro factor desequilibrante fue el de las fugas de capital. Con un tipo de cambio nominal fijo y un tipo de cambio real en depreciación continua, pronto el peso mexicano entró en una espiral muy visible de sobrevaluación. En ese contexto, el endeudamiento externo que se produjo en el periodo respondió a dos motivos: el primero, y a lo largo de todo el sexenio, a la necesidad de financiar el déficit en la cuenta corriente. El segundo, cuya fuerza se intensificó a medida que pasó el tiempo y se hizo más marcada la sobrevaluación, a la necesidad de financiar las fugas de capital, pues el presidente se negaba a modificar el tipo de cambio nominal.

CUARTA.- Ahora bien ante la crisis inflacionaria que dejan los Gobiernos de Luis Echeverría, Álvarez y de José López Portillo, debido al excesivo endeudamiento en que incurrieron, al llegar a su mandato Constitucional Miguel de la Madrid Hurtado, hace un cambio estructural en el modelo de la economía mexicana, adaptando un modelo de tipo neoliberal con el que se pretendió rechazar las políticas económicas de corte keynesiano, que en contraste, recomiendan reducir el déficit público y reducir la oferta monetaria, en este periodo se fijan topes a las tasas de interés, ya que el financiamiento inflacionario del déficit público reprime el desarrollo de los mercados financieros, dando origen a una asignación deficiente de los recursos productivos, para este modelo, el desarrollo de mercados financieros es un prerrequisito del desarrollo económico, pues un mercado financiero evolucionado incrementa la propensión a ahorrar de la población y canaliza los recursos a usos más productivos, siguiendo esta línea tenemos a: Miguel de la Madrid Hurtado (1982 – 1988) en cuyo mandato se incrementan los recursos vía venta de Paraestatales, el retiro de subsidios, la racionalización de las actividades públicas, el recorte de personal, y restaura el sistema bancario en manos de la iniciativa privada.

QUINTA.–Carlos Salinas De Gortari tiene como principal preocupación contener la inflación sobre la base de los acuerdos del Pacto para la Estabilidad y el Crecimiento Económico. Se incrementa la venta de las empresas paraestatales, se firma el tratado de libre comercio con Canadá y Estados Unidos, vende la Banca y al final de su sexenio genera una falsa percepción de crecimiento, y de bonanza económica, ya que coloca la Banca Estatal una gran Cantidad de créditos, sin ponderar la capacidad económica de los deudores, quienes finalmente al no contar con capacidad de pago, muchos terminaron perdiendo todo su patrimonio, ya que al tener la banca el capital extranjero y actualizar las tasas de interés estas fueron muy superiores a la actualización del valor de la propiedad inmobiliaria, lo que dio origen al FOBAPROA.

SEXTA.- En el siguiente periodo Ernesto Cedillo Ponce De León siguiendo la política Neoliberal, pero haciendo un cambio en su visión política con un sentimiento más federalista, con el desplome de los precios internacionales del petróleo, a partir del primer semestre de 1997, capta recursos importantes a través de la desincorporación de entidades públicas su visión de gobierno se fija en el Plan Nacional de Desarrollo 1995- 2000 y como consecuencia de la disminución de los ingresos petroleros, el gasto público se ajustó en tres ocasiones al nivel de recursos disponibles, derivados de los impuestos y los ingresos no tributarios del petróleo y de los Organismos y Empresas públicas.

Durante la administración de Zedillo el gasto público tuvo una orientación prioritaria hacia el desarrollo social y a la inversión en sectores estratégicos. Así, el gasto se concentraba en los sectores salud, educación, vivienda y combate a la pobreza. Sin embargo, los resultados de la aplicación de los recursos no son satisfactorios ya que a esa época se estimaba que existían casi 60 millones de mexicanos pobres, de los cuales 40 millones de habitantes se encontraban en pobreza extrema.

SEPTIMA.- Durante la presidencia Vicente Fox Quezada quien también siguió la política neoliberal, se aplica una política procíclica que se caracteriza por el freno y arranque de la inversión pública, así los primeros tres años del gobierno de Fox contribuyeron a la pérdida de competitividad de la economía mexicana frente al resto del mundo, que puede observarse a través del índice del tipo de cambio real del peso mexicano; con excepción de 2001, cuando los ingresos petroleros fueron inferiores en 6 mil 317.5 millones de pesos a los estimados en la Ley de Ingresos de ese año, durante el resto de su administración los ingresos petroleros fueron por encima de los estimados y para tener un mayor control de los ingresos excedentes se crea el Fondo para la Estabilización de los Ingresos Petroleros (FEIP), cuya finalidad es generar una reserva que permita enfrentar posibles contingencias presupuestarias ocasionadas por una caída en los precios del petróleo, en la plataforma de producción o en el tipo de cambio, que pudieran dar origen a recortes presupuestarios. Entre los resultados negativos de la evolución de la economía nacional durante estos primeros años de políticas Neoliberales se encuentra el aumento de la desigualdad económico-social del país, ello se expresa en el hecho de que en 2005 el ingreso corriente monetario del diez por ciento de la población más rica era 34 veces mayor que el del diez por ciento de la población más pobre; mientras que, en 1984, al inicio del proceso de globalización de México, dicha diferencia era de 24 veces. Entre el 2000 y 2005 la diferencia en cuestión pasó de 35.95 a 34.77 veces. La magnitud actual de la desigualdad en la distribución del ingreso se ilustra por el hecho de que, en 2005, el diez por ciento de la población más pobre concentraba solamente 1.11% del ingreso nacional, mientras que del diez por ciento de la población más rica concentraba 38.16%. El resultado de esto ha traído una desintegración social interna mayúscula en donde se han ahondado las desigualdades sociales: según INEGI, en 2005 el 70% de la población se quedó con el 35.8% del ingreso nacional, en tanto que el 30% se agenció el 64.2%. Esta excesiva concentración del ingreso trajo como consecuencia una "deuda social" cada vez mayor. Se sabe que casi 50% de la gente vivía en esa época en la pobreza; de ellos, más de la mitad lo hacía con menos de dos dólares al día. Hasta el 2000, el 60% de la población podía adquirir la llamada canasta básica; en 2005, sólo el 50% puede hacerlo (INEGI, 2006).

OCTAVA.- Con Felipe Calderón Hinojosa se establece en el Plan Nacional de Desarrollo, las siguientes estrategias: Mejorar la administración tributaria fomentando el cumplimiento equitativo en el pago de impuestos y reduciendo la evasión fiscal; Establecer una estructura tributaria eficiente, equitativa y promotora de la competitividad, permitiendo encontrar fuentes alternativas de ingresos, así como hacer frente a las necesidades de gasto en desarrollo social y económico que tiene el país; Garantizar una mayor transparencia y rendición de cuentas del gasto público para asegurar que los recursos se utilicen de forma eficiente, así como para destinar más recursos al desarrollo social y económico; Restablecer sobre bases más firmes la relación fiscal entre el Gobierno Federal y las entidades federativas; Administrar de forma responsable la deuda pública para consolidar la estabilidad macroeconómica, reducir el costo financiero y promover el desarrollo de los mercados financieros. En el ámbito microeconómico tenemos que según las cifras del Instituto Mexicano del Seguro Social (IMSS) tan solo se generaron entre noviembre de 2006 a octubre de 2012 un total de 2.2 millones de empleos formales (15.6%) en tanto que se aprecia una variación marginal del número de patrones inscritos (2.6%) correspondientes a 21,643. Según INEGI, pese al incremento de la Población Económicamente Activa (PEA) (15.6%), el número de personas ocupadas únicamente creció 13.7% (5, 886,111 mexicanos) en tanto que la desocupada incrementó 65.3%. Dicha situación refleja la problemática del país para generar el número suficientes de empleos. Además, se aprecia un incremento considerable de las personas con menores percepciones: hasta un salario mínimo (21,5%), entre 1 y 2 salarios mínimos (29.2%), entre 2 y 3 salarios mínimos (11.8%) y no recibe ingresos (8.3%). En contrasentido se observa una disminución de la población con mayores ingresos: entre 3 y 5 salarios (-5.9%) y más de 5 salarios mínimos (-25.0%). A pesar del implemento del programa de salud universal, el número de trabajadores con acceso a la salud incrementó 8% (1, 257,393) en tanto que los que no cuentan con dicha prestación ascendieron a 31, 461,707 de mexicanos, es decir, 17.1% más con respecto al cuarto trimestre de 2006. Un aspecto similar ocurre con el caso de las prestaciones. Los trabajadores que cuentan con ellas crecieron únicamente 10.3% en tanto que los que no las reciben aumentaron en 20.7%. Se advierte un deterioro del mercado laboral como consecuencia del incremento del 15.4% de personas sin contrato escrito (14, 820,999 en el tercer trimestre de 2012) y 18.9% con contrato temporal. En este sentido, es cuestionable el efecto que la flexibilización del mercado de trabajo, a raíz de la reforma laboral, contribuya a la generación de empleos de calidad y conlleve una mejora de la situación actual. El número de micro negocios sin establecimiento aumentó 20.0% y con establecimiento 10.5%. Dicha situación se ve reflejada en un crecimiento de la informalidad (24.7%) aspecto que implica la escasa generación de valor agregado y la problemática productiva del país.

En conclusión, entre 2006 y 2010 la medición de la pobreza por ingresos refleja un incremento de 26.8%, lo cual se traduce en 12.2 millones de mexicanos (MDM) más que enfrentan esta situación y que con base a los resultados hasta esa fecha obtenidos según las estimaciones del CIEN se proyectaba que para 2012 finalizara el año con 60 MDM en pobreza lo que reflejaría un incremento de 14.4 millones adicionales en el sexenio.

NOVENA .- Durante la Reforma Fiscal Neoliberal de 2014 a 2020 de Enrique Peña Nieto la secretaria de Hacienda señalo que el objetivo final de las políticas seguidas por la administración consistieron en incrementar el nivel de vida de todas las familias del país, pero poniendo especial énfasis en los más necesitados y que para ello, se requería adoptar medidas que aumenten la capacidad de crecimiento de la economía, así como crear mecanismos de protección social que garanticen niveles mínimos de bienestar a todos los mexicanos y que esto depende de la productividad de sus factores productivos, y que por tanto la Reforma Hacendaria tenía como objetivos fundamentales el garantizar una red de protección social para toda la población, así como promover el crecimiento y la estabilidad económica y que su diseño estaba basado en un diagnóstico sobre las características centrales del sistema hacendario y de seguridad social del país.

Por lo que se señaló que los objetivos centrales de la Reforma Hacendaria eran los siguientes: Fortalecer la responsabilidad hacendaria: establecer una regla de balance estructural para las finanzas públicas, que convierta la responsabilidad fiscal en una política de Estado; Aumentar la capacidad financiera del Estado, aumentando la disponibilidad de recursos para que el Estado pueda atender las necesidades prioritarias de la población; Mejorar la equidad para garantizar que paguen más los que más tienen, elimina privilegios, estableciendo impuestos para alcanzar un sistema más justo, progresivo y equitativo; Facilitar el cumplimiento de las obligaciones fiscales, simplificando el pago de impuestos; Promover la formalidad para lo cual se crea un régimen especial para facilitar que las personas ingresen a la formalidad, y con ello cada vez más mexicanos cumplan con sus obligaciones fiscales; Promover el federalismo mediante incentivos para aumentar la recaudación de los estados y municipios y fortalecer las haciendas públicas locales; Reforzar el Sistema de Seguridad Social garantizando un ingreso mínimo a todos los mexicanos mayores de 65 años y creando un seguro para apoyar el ingreso de los trabajadores que pierdan su empleo.

Para lograr lo anterior se hacen modificaciones a los Impuestos al Consumo y al Ingreso, Cambios para Fortalecer el IVA que tuvieron como objetivo eliminar o acotar los regímenes excepcionales, la homologación de la tasa de frontera y la eliminación de la exención a las importaciones temporales, otras medidas son relativas a la simplificación y a fortalecer el ISR Empresarial la Reforma eliminó el Impuesto Empresarial a Tasa Única (IETU) y el Impuesto a los Depósitos en Efectivo (IDE), con lo cual se reduce a la mitad el número de cálculos que las empresas deben realizar. Adicionalmente, se creó una nueva Ley del Impuesto Sobre la Renta, que amplía la base de este impuesto y simplifica el pago de impuestos a los contribuyentes, al eliminar la mayoría de los regímenes preferenciales y de los tratamientos especiales. Así, la Reforma un solo impuesto al ingreso corporativo, pero con el mismo poder recaudatorio que los tres impuestos que existían en el 2013 (el ISR, el IETU y el IDE). En otro renglón del ISR la Reforma propone limitar el porcentaje en que las remuneraciones exentas del trabajador son deducibles para el ISR pagado por las empresas y se Establecen medidas que Aumentan la Progresividad del ISR Personal orientados a los objetivos de ampliar la base de este impuesto e incrementar su progresividad.

En México, en la mayoría de los casos se encontraban exentos del ISR los ingresos Personales por concepto de dividendos y de ganancias de capital por venta de acciones en bolsa. Estas exenciones favorecen a las personas de ingresos más altos. Asimismo, la exención causa problemas de equidad horizontal y de fiscalización. Por otra parte, la Reforma establece un impuesto de 10 por ciento a los ingresos de las personas físicas por ganancias de capital en la venta de acciones y distribución de dividendos. Por motivos de simplicidad, estos ingresos recibirán un tratamiento cedular, es decir, se gravarán de forma separada a otro tipo de ingresos. Esta medida busca ampliar la base del ISR, incorporando un tipo de ingreso que se concentra en los grupos de población con mayores ingresos. Así, se fortalece la progresividad del sistema tributario y se garantiza una contribución justa de todos al pago de impuestos.

Como parte del esfuerzo para garantizar que contribuyan en mayor medida las personas que ganan más, la Reforma incrementa la tasa marginal del ISR para personas con ingresos elevados. Esta medida señala Hacienda protege a la clase media, y fortalece la progresividad. Las nuevas tasas afirman mejorarán la distribución de la carga fiscal en la medida en que los incrementos recaen en su totalidad en los contribuyentes de mayores ingresos.

A efecto de combatir la informalidad creó el Régimen de Incorporación Fiscal (RIF), que sustituye al Régimen Intermedio y el de Pequeños Contribuyentes (REPECO), y que funcionará como un punto de entrada a la formalidad para las empresas y sus trabajadores. El nuevo régimen está diseñado para que participen en él las personas físicas con actividad empresarial con capacidad administrativa limitada. Por lo tanto, la participación será exclusiva a las personas físicas con ingresos de hasta 2 millones de pesos por año, como puede observarse no se contempla a los profesionistas y prestadores de servicios independientes y los comerciantes informales que por regla general venden productos de contrabando o que evaden el pago de derechos corporativos, como lo son patentes y nombres comerciales, o intelectuales como el derecho de autor.

En este Régimen para el cumplimiento de sus obligaciones fiscales los participantes tendrán acceso a una herramienta electrónica provista por el Sistema de Administración Tributaria (SAT), que no solo les simplificará mucho el trámite, sino que también les auxiliará en sus tareas de contabilidad.

Y finalmente se prevé la introducción de diversos impuestos especiales, buscando la internalización de los costos sociales que causan algunas conductas que afectan negativamente al medio ambiente, con el objeto de desincentivar dichas conductas. Específicamente se busca reducir las emisiones de bióxido de carbono, principal gas de efecto invernadero, así como el uso de plaguicidas que generan daños sobre el medio ambiente y la salud de los mexicanos. Así como para combatir el problema de obesidad y sobrepeso que se ha acentuado en México debido a la rapidez con que se ha expandido su incidencia, y al efecto negativo que ejerce sobre la salud de la población que las padece. Ya que el sobrepeso y la obesidad aumentan considerablemente el riesgo de padecer enfermedades crónicas, como la diabetes y la hipertensión arterial. Las enfermedades asociadas a estos padecimientos, por su magnitud y ritmo de crecimiento, actualmente representan una emergencia sanitaria para el país.

Una de las acciones más emblemáticas de la reforma fiscal de este periodo es la transformación de PEMEX y la Comisión Federal de Electricidad de empresas de participación estatal a empresas productivas estratégicas.

DECIMA.- La política de 2018, con un esquema nuevo contrario al neoliberal, con un enfoque nacionalista establece que está orientada a proveer certeza para el adecuado desarrollo de la actividad económica y establece el compromiso de no plantear medidas que representen una mayor carga tributaria para las empresas y familias del país, con el objetivo de que los hogares y empresas puedan planear adecuadamente sus decisiones económicas, generando así condiciones propicias para incrementar el ahorro y la inversión. La política de gasto para 2018 reafirma el esfuerzo de reingeniería del gasto público y disciplina en las finanzas, y privilegia programas que contribuyen a la reducción de la pobreza, en reducir el gasto corriente en los Ramos Administrativos, prioriza la inversión productiva sobre la administrativa y sienta las bases para la elaboración de un presupuesto basado en los ODS acordados por los países miembros de la ONU.

La Política de Ingresos en la Iniciativa de Ley de Ingresos (ILIF) para 2018 refuerza el compromiso del Gobierno Federal con la estabilidad macroeconómica y la solidez de las finanzas públicas.

En cuanto a la Política de Gasto, El Proyecto de Presupuesto de Egresos de la Federación (PPEF) para el ejercicio fiscal 2018 señala Hacienda, se presenta en un contexto de mayor estabilidad macroeconómica, que permite la continuidad en el financiamiento de las prioridades de gasto y sentar las bases de un desarrollo sostenible de largo plazo. El PPEF 2018 considera principalmente los siguiente elementos: I) privilegiar programas que contribuyen a la reducción de la pobreza a través de la disminución de las carencias sociales, así como al incremento del acceso efectivo a los derechos sociales; II) reducción del gasto corriente en los Ramos Administrativos; III) priorización de la inversión productiva sobre la administrativa; y IV) sentar las bases para la elaboración de un presupuesto basado en los ODS acordados por los países miembros de la ONU. Programas prioritarios La política de gasto planteada en el PPEF 2018 busca fortalecer los Programas presupuestarios (Pp) de Seguridad Nacional y Seguridad Pública y privilegiar los Pp prioritarios para reducir la pobreza y asegurar el ejercicio efectivo de los derechos sociales. Esto último se llevó a cabo con base en los criterios de priorización de las Consideraciones para el Proceso Presupuestario 2018 del Consejo Nacional de Evaluación de la Política de Desarrollo Social (CONEVAL).

Asimismo, se presenta un incremento real del gasto en pensiones, al encontrarse todavía en un periodo de transición de esquemas de reparto hacia esquemas de contribución definida, lo que significa que los recursos aportados a las cuentas individuales no pueden utilizarse para fondear las pensiones en curso de pago, factor al que se suma el envejecimiento de la población. Ramos Administrativos En línea con el proceso de consolidación fiscal, el Paquete Económico para 2018 continúa con la disciplina en materia de gasto impulsada en ejercicios anteriores, la cual ha contribuido a mantener la estabilidad económica nacional. El compromiso del Gobierno de la República con mantener una política de austeridad en el ejercicio de los recursos, junto con el de no incrementar los impuestos ni la deuda pública para financiar su operación, se traduce en esfuerzos para realizar más con menos. Parte fundamental de dicha estrategia ha sido la contención del gasto en Ramos Administrativos. Por ello, en el PPEF 2018 se propone una reducción del gasto que ejercen dichos Ramos de 28.3 mmp o 2.8 por ciento en términos reales respecto a lo aprobado el año anterior, a su interior el gasto en servicios personales disminuye en 2.8 mmp o 0.9 por ciento real, incluidas las aportaciones de seguridad social, y el gasto de operación se reduce en 1.3 por ciento real respecto al PEF 2017. A fin de lograr dicha reducción, se realizó un esfuerzo para mantener la tendencia a la baja en las asignaciones relacionadas al gasto en servicios personales, gasto de operación y subsidios Esto último toma en cuenta la priorización hecha bajo los criterios del CONEVAL. Gasto de inversión Se priorizaron 1,528 proyectos y se propone someter a consideración de la Cámara de Diputados la asignación de recursos fiscales a 261 programas y proyectos de inversión por un monto de 92.2 mil millones de pesos, de los cuales 90.2 mil millones de pesos corresponden a proyectos de infraestructura económica y social, así como sus programas de mantenimiento y adquisiciones y casi 2 mil millones de pesos corresponden a otros programas y estudios. Lo anterior mantiene la tendencia de la composición del gasto en ciclos anteriores, en la que se minimiza el gasto de inversión de índole administrativo y se maximiza la inversión económica y social (productiva). En comparación con el 2013, se puede observar que la proporción del gasto de inversión en infraestructura productiva se incrementó de 83.2 por ciento en 2013 a 97.9 por ciento en 2018 y la de índole administrativa pasó de 10.9 por ciento en 2013 a 0.9 por ciento en 2018. Objetivos de Desarrollo Sostenible En el Ejercicio Fiscal 2018 el Gobierno de la República está sentando las bases para una presupuestación encauzada no sólo a atender las necesidades de las generaciones presentes, sino también a generar las condiciones para garantizar que existan elementos para solventar las de generaciones futuras, a fin de consolidar el desarrollo nacional en el largo plazo. Este proceso se vincula con los compromisos internacionales adquiridos por México como parte de la transición de Objetivos de Desarrollo del Milenio (ODM) a ODS, en el marco de la Agenda 2030 de la ONU. En este sentido, los ODS –a través de sus metas– se perfilan como la guía estratégica complementaria para presupuestar bajo una visión que posibilite el bienestar de generaciones futuras mediante la atención de las causas subyacentes que, directa o indirectamente, se asocian a un problema particular en el presente. El 25 de septiembre de 2015, la Asamblea General de la ONU aprobó la Agenda 2030 para el Desarrollo Sostenible como un plan de acción que presenta una visión de futuro en favor de las personas, la protección del planeta, el fomento a la prosperidad de los países y el fortalecimiento de la paz universal. La visión para el mundo contenida en el documento se traduce en 17 objetivos a alcanzar en 2030, los cuales conforman los ODS, que a su vez cuentan con 169 metas con un periodo de vigencia de 15 años. Los ODS constituyen un compromiso de Estado, por lo que en el PPEF 2018 el Gobierno de la República sienta las bases para la identificación de la vinculación de las estructuras programáticas con los ODS, a fin de evaluar sus avances. El análisis y mapeo inicial de los Pp que inciden en el cumplimiento de los ODS provee los fundamentos para alcanzar los siguientes objetivos en el mediano y largo plazos: Determinar las acciones estratégicas para generar resultados de alto impacto en un contexto de recursos limitados. • Coordinar los esfuerzos que llevan a cabo las distintas instancias de Gobierno a nivel federal para la atención de objetivos particulares, a fin de identificar cómo inciden actualmente en el cumplimiento de los ODS y cómo podrían incidir en mayor medida o de forma más estratégica en su consecución. • Informar de forma periódica sobre resultados. El conocer los Pp que contribuyen a la atención de determinado ODS permite evaluar su cumplimiento, gracias a los avances que se han tenido en la consolidación de un Sistema de Evaluación del Desempeño (SED) en México. • Que los resultados en la implementación de los ODS retroalimenten el proceso de presupuestación. La información del desempeño de cada Pp ayudará a fortalecer los esquemas de Presupuesto basado en Resultados (PbR), tanto para la atención de objetivos nacionales como para favorecer el cumplimiento de las metas de los ODS. Que las dependencias, entidades y Poderes a nivel federal identifiquen áreas de mejora en su planeación, políticas, programas e intervenciones para el desarrollo, para poder alcanzar los ODS. Generar una planeación estratégica de largo plazo, al proveer información necesaria para impulsar un enfoque de Gestión para Resultados en la presupuestación.

Finalmente, los esfuerzos realizados buscan generar que la ciudadanía cuente con información útil, mediante una mayor transparencia en el gasto público, que permita fomentar la rendición de cuentas. A fin de lograr lo anterior, para el Ejercicio Fiscal 2018 la Oficina de la Presidencia de la República, la Secretaría de Hacienda y Crédito Público y el Programa de las Naciones Unidas para el Desarrollo colaboraron para determinar los Pp que se vinculan con los ODS y las relaciones específicas entre ambos. El mapeo alcanzado ofrece un panorama general que ayudará a identificar las acciones para evaluar el cumplimiento de los objetivos que, junto con el seguimiento de los indicadores de los ODS, permitirá proponer e implementar eventuales mejoras a la estructura programática o a las estrategias de atención que se están llevando a cabo para atender las necesidades de las generaciones actuales, sin comprometer el de las generaciones futuras.

Hacienda en el programa plantea medidas de responsabilidad hacendaria y una Meta de los Requerimientos Financieros del Sector Público, Los RFSP son la medida más completa y robusta del déficit público. Este indicador actúa como el ancla fiscal para la planeación de las finanzas públicas y representa una herramienta de control de la hacienda pública. En el ejercicio fiscal 2018 señala hacienda, se concluirá con el proceso de consolidación fiscal, lo que implica disminuir los RFSP a 2.5 por ciento del PIB, nivel consistente con una disminución sostenida de la deuda. Con la reducción de los RFSP a 2.5 por ciento del PIB se estima que el SHRFSP como proporción del PIB llegue a 47.3 por ciento, menor en 0.7 puntos porcentuales que el estimado de cierre de 2017 incluyendo los recursos del ROBM. Se estima que la estabilización de los RFSP en 2.5 por ciento del PIB permitirá colocar la deuda en una trayectoria sostenida decreciente.

En cuanto a las metas para las Empresas Productivas del Estado Pemex y la CFE fueron dotados de mayor autonomía presupuestaria en el marco de la Reforma Energética, adquiriendo la facultad de elaborar sus proyectos de presupuesto, quedando sólo sujetos a un techo de gasto de servicios personales y a una meta de balance financiero que apruebe la Cámara de Diputados. Los techos de gasto y las metas de balance garantizan que el desempeño financiero de las Empresas Productivas del Estado (EPE) esté alineado con la capacidad de financiamiento del Sector Público y una mejor composición de su gasto. Para el ejercicio fiscal 2018, se contempla para Pemex un déficit en su balance financiero de 89.5 mmp y un techo de gasto de servicios personales de 93.2 mmp. Asimismo, se plantea un superávit para CFE en el balance financiero de 18.0 mmp y un techo de gasto de servicios personales de 56.8 mmp. Límite máximo del gasto corriente estructural La LFPRH establece los rubros a considerar en el cálculo del gasto corriente estructural, así como el monto máximo que se puede erogar por este concepto en cada ejercicio fiscal. El monto máximo se define por Ley como el gasto corriente estructural de la última Cuenta Pública disponible más un crecimiento real por cada año menor a la tasa de crecimiento estimada del PIB potencial, igual a 2.6 por ciento para 2018. Dicho límite tiene como fin ejercer políticas de gasto responsables que prioricen el nivel de inversión de capital y el ahorro sobre el gasto corriente ante incrementos extraordinarios en los ingresos públicos, así como permitir una evolución adecuada del gasto en los próximos años. Para 2018 se propone utilizar un crecimiento real de 2.5 por ciento para determinar el límite máximo del gasto corriente estructural, menor que el crecimiento real del PIB potencial estimado y congruente con lo establecido en la LFPRH. En consecuencia, el límite máximo del gasto corriente estructural es de 2,610.9 mmp. En el PPEF 2018 se plantea un gasto corriente estructural que se encontrará por debajo del límite máximo en 493.0 mmp y que implica una disminución de 10.7 por ciento real respecto al nivel aprobado para 2017, en línea con la propuesta de concluir en 2018 la trayectoria de consolidación fiscal comprometida en 2013.[68]

---

[68] Secretaria de Hacienda y Crédito Público, *Criterios Generales de Política Económica 2018 para la Iniciativa de Ley de Ingresos y el Proyecto de Presupuesto de Egresos de la Federación Correspondientes al Ejercicio Fiscal 2018* https://www.finanzaspublicas.hacienda.gob.mx/work/models/Finanzas_Publicas/docs/paquete_economico/cgpe/cgpe_2018.pdf

Fuentes de información

BIBLIOGRAFICAS

Acosta Romero, Miguel, Teoría General del Derecho Administrativo, Editorial Porrúa, S. A. primera edición,México 1993.

Banco de México Informe Anual 2003.

Bertalanffy, Von Ludwig. *Teoría General de los Sistemas* Fondo de Cultura México 1989

Carrasco Iriarte, Hugo, *Diccionario de Derecho Fiscal I,* Iure editores, segunda edición, México 2003

Carrasco Iriarte, Hugo, *Diccionario de Derecho Fiscal,* Editorial Oxford university press, México, 1998.

Centro de Estudios de las Finanzas Públicas H. Cámara de Diputados LX Legislatura Política *Fiscal – Tendencias del Sistema Tributario Mexicano febrero de 2007* www.cefp.gob.mx elaborado tomando como Fuente: la base en datos de Cuenta de la Hacienda Pública Federal 1995–2005

Centro de Estudios de Finanzas Pública, *Ley de Ingresos y Miscelánea Fiscal 2007.* Dictamen aprobado por el Congreso, página electrónica de la Cámara de Diputados, México, diciembre 22 de 2006.

Centro de Estudios de Finanzas Públicas de la Cámara de Diputados, *Página electrónica,* marzo de 2007.

Consejo Nacional Agropecuario, *Compendio estadístico del sector agroalimentario: 1994-2004,* CNA, México, 2005.

Flores Zavala, Ernesto, Finanzas Públicas Mexicanas, Editorial Porrúa S.A. de C.V. Mexico 2004.

Fraga, Gabino, Derecho Administrativo, Editorial Porrúa, S. A. vigésima edición, México 1980.

Fox, Vicente, *Anexo estadístico del Sexto Informe de Gobierno,* Presidencia de la República, México, 2006.

González González, Manuel B. *Sistemas Jurídicos Contemporáneos,* Ediciones del Azar, A.C. Chihuahua,México, 2004

Giuliani Fonrouge, Carlos M. *Derecho Financiero, volumen 2,* Depalma, Buenos Aires, 1977.

Hôffe Otfried, *Derecho Intercultural,* Editorial Gedisa, S. A., Barcelona (España), 2008.

Instituto Nacional de Geografía y Estadística, INEGI *Encuesta Nacional de Ingresos y Gastos de los Hogares, ENIGH, 1984, 2000, 2002, 2004 y 2005.*

Instituto Nacional de Geografía y Estadística INEGI, *Encuesta nacional de ingresos y gastos de los hogares 2005.*

Instituto Nacional de Geografía y Estadística INEGI, *Encuesta nacional de ingresos y gastos de los hogares* 2006.

Luhman Niklas, Sistemas Sociales, Lineamientos para una Teoría General, México, Alianza/iberoamericana, 1991

Love, Joseph L. *"Economic ideas and ideologies in Latin America Since 1930",* The Cambridge History of Latin America, vol. 6, N° 1, L. Bethel (comp.), Cambridge, Cambridge University Press. 1994.

Mancera Aguayo, Miguel, *Inconveniencia del control de cambios,* México, Banco de México, 1982.

Margain Manautou, Emilio, *Introducción al Estudio del Derecho Tributario Mexicano,* Editorial Porrúa, Novena edición, México 1989.

Muñoz Rocha, Carlos I., *Teoría del Derecho,* Editorial Oxford University Press, México, D.F. 2006.

Muro Ruiz, Eliseo, *Algunos Elementos De Técnica Legislativa,* Editorial UNAM, México 2007.

Ponce de León Armenta, Luis, *Nuevo Pacto Nacional*, Editorial Porrúa, México D. F. 2005.

Ponce de León Armenta, Luis, *Modelo Trans-universal del Derecho y el Estado,* Editorial Porrúa, México D.F. 2006.

Prontuario Fiscal *Correlacionado Casos Prácticos,* Editorial Thomson, México 2004.

Presidencia de la República, Sexto Informe de Gobierno del Presidente Vicente Fox Quesada

Reséndiz, Eduardo, "*Política e impuestos, visión histórica*". Ed. Miguel Ángel Porrúa, primera edición, México D.F: 1989.

Sánchez León Gregorio *Derecho Fiscal Mexicano* Tomo I Editorial Cárdenas, Editor y Distribuidor. Decima primera Edición México 1998

Secretaría de Hacienda y Crédito Público, Adecuaciones Fiscales 1988

Secretaría de Hacienda y Crédito Público Criterios Generales de Política Económica 1995-2000.

Secretaría de Patrimonio y Fomento Industrial, *Plan nacional de desarrollo industrial, 1979-1982,* México, s. e., 1979.

Secretaría de Programación y Presupuesto, *Plan global de desarrollo 1980-1982,* México, s. e., 1980

Serra Puche Jaime, *Políticas fiscales en México: un enfoque de equilibrio general,* El Colegio de México, México 1981

Silva Herzog, Jesús, *Breve historia de la Revolución mexicana. La etapa constitucionalista y la lucha de facciones, México,* FCE, 2007.

Sirven Gutiérrez, Consuelo, Villanueva Colín, Margarita. *Sistemas Jurídicos Contemporáneos,* EditorialOxford University Press Harla, México 1996.

Tello, Carlos *La política económica en México 1970-1976,* Siglo veintiuno editores, México 1979

Tello Carlos *La nacionalización de la banca en México,* México, Siglo XXI, 1984.

Torres Gaytán Ricardo *Un siglo de devaluaciones del peso mexicano.* México: Siglo XXI. México 1980.

Uhthoff López, Luz María, *Las finanzas públicas durante la Revolución. El papel de Luis Cabrera y Rafael Nieto al frente de la Secretaría de Hacienda* México, UAM-I, 1998.

HEMEROGRAFICAS

Boltvinik, Julio, El Financiero, sección de economía. noviembre de 2009.

Bahena Juventina *"quien, y como se financio la revolución"* Revista Cámara, Periodismo legislativo

https://comunicacionsocial.diputados.gob.mx/revista/index.php/raices/quien-y-como-se-financio-la-revolucion

Carmona Dávila Doraalicia *Memoria Política De México* revista del Instituto Nacional de Estudios Políticos.

https://www.memoriapoliticademexico.org/Efemerides/6/03061912-ImpP.html

ELECTRONICAS

Banco de México Informe Anual 2003

https://www.banxico.org.mx/publicaciones-y-prensa/informes-anuales/%7BED15A1E3-8C6A-432D-BE55-3DAD8D754847%7D.pdf

Consejo Nacional de Evaluación de la Política de Desarrollo Social (CONEVAL) *Medición y Análisis de la Pobreza en México* Memorias del CONEVAL 2006-2018, México 2019

https://www.coneval.org.mx/InformesPublicaciones/Documents/Memorias/Medicion-y-analisis-de-la-pobreza.pdf

Peña Alfaro Ricardo *La política económica mexicana* 1970-1976. Ensayo de interpretación bibliográfica Revista Nexos 1979 1 abril https://www.nexos.com.mx/?p=3321

Presidencia de la Republica *Plan Nacional de Desarrollo*

https://paot.org.mx/centro/programas/federal/07/pnd07-12.pdf

Secretaria de Hacienda y Crédito Público, *Criterios Generales de Política Económica 2018 para la Iniciativa de Ley de Ingresos y el Proyecto de Presupuesto de Egresos de la Federación Correspondientes al Ejercicio Fiscal 2018*

https://www.finanzaspublicas.hacienda.gob.mx/work/models/Finanzas_Publicas/docs/paquete_economico/cgpe/cgpe_2018.pdf

Secretaria de Hacienda y Crédito Público *Criterios Generales de Política Económica para la iniciativa de la Ley de Ingresos y el proyecto del presupuesto de egresos de la Federación correspondientes al ejercicio fiscal de 2023.*

https://www.finanzaspublicas.hacienda.gob.mx/work/models/Finanzas_Publicas/docs/paquete_economico/cgpe/cgpe_2023.PDF

Santos Flores, Israel y Ríos Granados, Gabriela, *Breve Historia Hacendaria de México,* biblioteca Jurídica virtual UNAM 5895

https://biblio.juridicas.unam.mx/bjv/id/3223

Urquidi, Víctor L, Luis Aboites, Mónica Unda Gutiérrez Obras escogidas de *Víctor L Urquidi,_El fracaso de la reforma fiscal de 1961: artículos publicados y documentos del archivo de Víctor L. Urquidi en torno a la cuestión tributaria en México* El colegio de México.

https://muse.jhu.edu/book/74480

LEYES Y DECRETOS

Código Municipal, Centro Librero Juárez, Chihuahua, México 1996.

Constitución Política de los Estados Unidos Mexicanos publicada en el Diario Oficial de la Federación el 5 de febrero de 1917

Diario Oficial de la Federación, 27 de diciembre de 1978.

Ley Agraria de 6 de junio de 1915

Ley de Ingresos 2006.

JURISPRUDENCIA

Semanario Judicial de la Federación y su gaceta, registro 388026 Jurisprudencia Séptima Época, rubro"GASTO PÙBLICO, NATURALEZA CONSTITUCIONAL DEL".